비즈와 ○ 스팽글로 ○ 만드는
반짝이는
레터링 자수 클래스

비즈와
스팽글로
만드는

반짝이는 레터링 자수 클래스

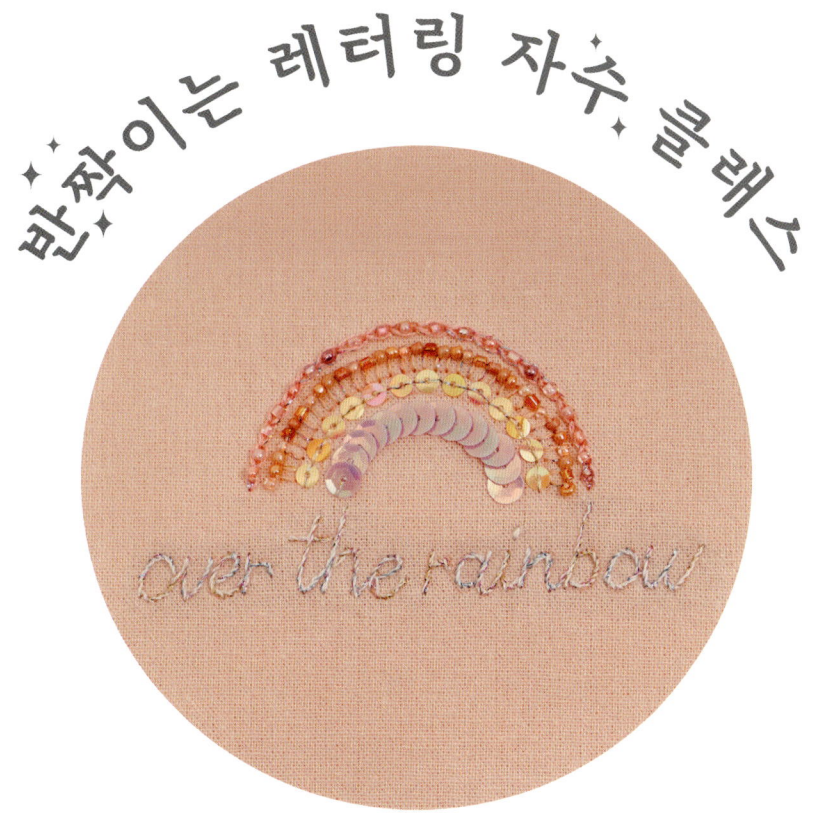

박명화 지음

◆

일상 속 기분 좋은 설렘을 느끼게 되는
특별한 나만의 작품을 만들어보세요.
손끝에서 아름답게 수놓아지는 자수의 세계로 안내합니다.

CONTENTS

프롤로그 ○ 9

자수를 시작하기 전에 ○ 37

자수에 필요한 재료 ○ 38
자수 기본 재료 사용법 ○ 48

기본 스티치 ○ 55

스트레이트 스티치 ○ 56
러닝 스티치 ○ 56
백 스티치 ○ 57
휘프트 백 스티치 ○ 57
아우트라인 스티치 ○ 58
레이지 데이지 스티치 ○ 59
레이지 데이지 스티치와 스트레이트 스티치 ○ 59
체인 스티치 ○ 60
버튼홀 스티치 ○ 61
버튼홀 레이스 스티치 ○ 62
프렌치 노트 스티치 ○ 63
새틴 스티치 ○ 64

부자재 ○ 65

스팽글 ○ 66
비즈 및 기타 부자재 ○ 70

소품 만들기 ○ 75

차근차근 스티치 연습 ○ 76
소품으로 만들어요 ○ 82

도안 ○ 87

프롤로그

이 책은 다양한 레터링 디자인을 소개하는 자수 도안집입니다. 일상에서 유용하게 사용할 수 있는 문구들을 모아서 다양한 소품에 수놓았어요. 비즈와 스팽글 같은 여러 재료를 사용해 조금 더 특별한 자수를 만들고 싶었습니다.

자수는 한 땀 한 땀 수놓는 작업의 반복이어서 그만큼 오랜 시간을 필요로 합니다. 오래 걸리는 만큼 많은 정성을 쏟아야 하기에 모든 것이 빠르게 흘러가는 요즘의 흐름과는 반대되는 느낌이 들기도 합니다. 하지만 무수히 반복되는 그 순간들이 모여 오롯이 자신에게 집중하는 시간이 되고, 그 시간들은 일상에 스며들어 새로운 활력소로 자리매김하게 될 거예요.

천천히 나의 손을 거쳐 자수가 완성되는 기쁨은 일상의 풍요로운 행복이자 설렘이 되겠지요. 작고 소소한 작업들이 쌓여 마음에 드는 결과물로 완성되었을 때 느낄 수 있는 기쁨을 여러분과 함께하고 싶습니다.

이 책과 함께 자수를 수놓는 순간이 여러분에게 때로는 설렘으로, 때로는 소소한 일상의 즐거움으로 닿았으면 하는 마음입니다.

메시 마켓백
Please stitch for me
P. 89

연한 베이지색 메시 백에 짙은 남색으로 새틴 스티치를 촘촘하게 수놓아 차분하고 단정한 느낌을 연출했습니다. 어느 옷차림이든 잘 어울리는 깔끔한 디자인입니다.

티셔츠
Love
P. 90

연보라색 티셔츠에
톤 다운된 연핑크로
수놓았습니다.
하트 모양 테두리는
버튼홀 레이스 스티치로
수놓아 귀엽고
아기자기한 느낌을
줍니다.

액자
Be the sunshine
P. 91

금속 프레임 안에 아우트라인 스티치로 레터링을 수놓아
심플하면서 감각적인 액자를 완성하였습니다.

에코백
Fly me to the moon
P. 92

어두운 톤의 에코백
위에 밝은 색상의 실로
수놓았습니다.
초승달에 반짝이는
비즈와 스팽글을 달아
포인트를 주었습니다.

파우치
My pouch
P. 93

휘프트 백 스티치를 활용하여
경쾌한 디자인의 파우치를 만들었습니다.

손거울
Look at me
P. 94

가방 속 필수품인 손거울은 특수사와 비즈를 사용해 포인트를 주었습니다. 특수사가 섞여 수놓아진 레터링은 새틴 스티치를 사용하여 질감이 돋보이게 하고, 테두리에 사용한 체인 스티치는 알록달록한 비즈를 더해 빈티지하면서도 독특한 분위기를 만들어냅니다.

메시 파우치
Romantic mood
P. 95

살구 색상의 메시 파우치에 보라색과 핑크색 레터링으로 수놓아 로맨틱한
느낌을 주었습니다. 새틴 스티치를 감싸는 아우트라인 스티치는 특수사가 섞여
은은하게 반짝이며 한층 사랑스러운 분위기를 풍깁니다.

파우치

Initial

P. 96-98

알파벳을 파스텔 톤의 색감으로 다양하게 수놓아 파우치를 만들었습니다.
레터링의 색상과 어울리게 파우치의 리본끈도 교체했습니다.

면 티셔츠
Love&Hate
P. 99

하트 모양 테두리는 특수사를 섞어 휘프트 백 스티치로
수놓아 사랑스러운 디자인으로 완성했습니다.
레터링은 체인 스티치로 수놓아 깔끔하면서도 포인트가 됩니다.

메시 마켓백
My stitch bag
P. 100

파스텔 톤으로 실의 색상을
조합한 핑크색 메시 백에서
사랑스러움이 느껴집니다.
스팽글의 색상도 레터링 실의
색상과 맞춰 전체적으로
통일성을 주었습니다.

수틀
Wishing on a star
P. 101

레터링에 규칙적인 색상으로 비즈를 수놓아 반짝임을
강조했습니다. 배경에 비즈와 별 모양의 스팽글로 반짝이는
별을 표현해 아기자기한 느낌을 나타냅니다.

에코백

Over the rainbow

P. 103

무지개는 다양한 스티치 기법과 부자재를 이용해 표현했습니다.
스팽글로 곡선을 표현해 반짝이면서도 사랑스러운 느낌을 주었고,
레터링은 화이트 색상의 실에 특수사를 섞어 은은한 무지개빛의 반짝임을 완성했습니다.

메시 파우치
Bonjour
P.104

간단한 레터링이지만 체인 스티치에 비즈를 고정해 반짝임을 강조하고, 배경에 다양한 모양의 스팽글을 불규칙적으로 배치해 포인트를 주었습니다.

미니 캔버스백
Let's stitch
P.105

광목 원단에 반짝이는 특수사로 다양하게 수놓아 영수증 모양의 재치 있는 디자인을 만들었습니다.
바코드와 레터링 등의 디테일은 각각 다른 스티치로 재미있게 표현했습니다.

셔츠
Je t'aime
P.106

깔끔한 하늘색 셔츠에 짙은 보라색 실과 특수사를 섞어 셔츠 깃에
수놓았습니다. 세련된 필기체에 아우트라인 스티치로 깔끔하게 수놓았으며
진주로 포인트 주어 고급스러운 느낌으로 완성했습니다.

그립톡
Alphabet Griptok
P. 107

체인 스티치를 작게 수놓은 레터링에 비즈와 특수사로 포인트를 주었습니다.
그립톡에 응용하기 좋은 디자인으로 그립톡과 원단, 실의 색상을 맞추면 조화롭게 완성됩니다.

메시 마켓백
Merci
P. 108

레터링을 진주로 수놓아 깔끔하고 고급스러운 분위기로 완성했습니다.
테두리에 버튼홀 레이스 스티치로 수놓아 밋밋할 수 있는 가방에 포인트를 주어도 좋습니다.
은은한 진주의 반짝임과 붉은 버튼홀 레이스 스티치의 조합이 잘 어울립니다.

손거울
Hug me
P. 109

단순한 디자인이지만 포인트를 주기 위해 레터링의 일부분에 비즈를 사용했습니다. 비즈의 색상은 규칙적으로 반복해 전체적으로 통일성을 주었습니다.

Chapter 01

Base

° 자수를 시작하기 전에 °

자수에 필요한 재료

수틀

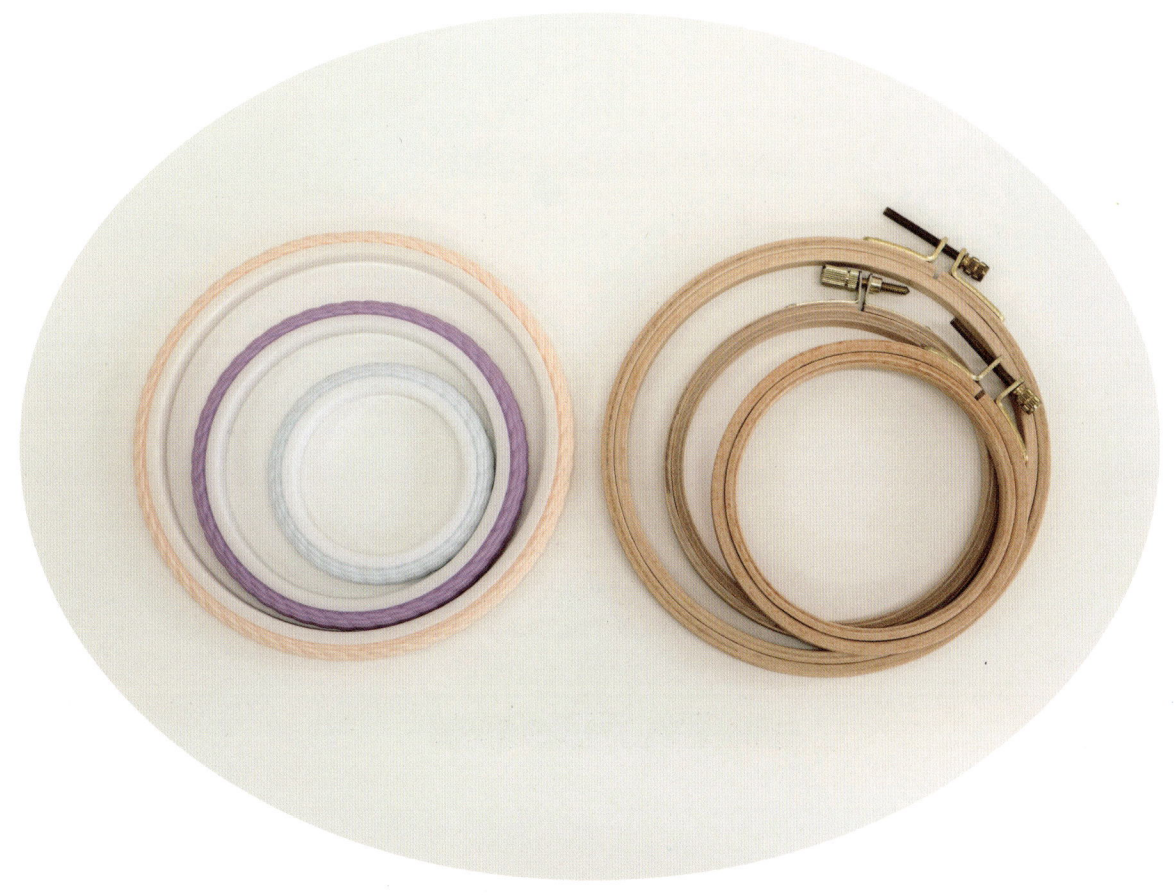

수를 쉽게 놓을 수 있도록 원단을 팽팽하게 펴기 위한 틀입니다. 수틀은 나무와 플라스틱, 고무 등 다양한 종류가 있고 도안의 크기와 천의 재질에 따라 구분해서 사용합니다. 도안보다 큰 사이즈의 수틀을 사용하는 것이 수를 놓기에 수월합니다. 만약 도안보다 수틀의 사이즈가 작을 경우에는 수틀을 옮겨가며 작업해주세요. 초보자나 얇은 원단에 수놓는 경우, 나무수틀보다 원단을 팽팽하게 잡아주는 고무수틀을 추천합니다.

바늘

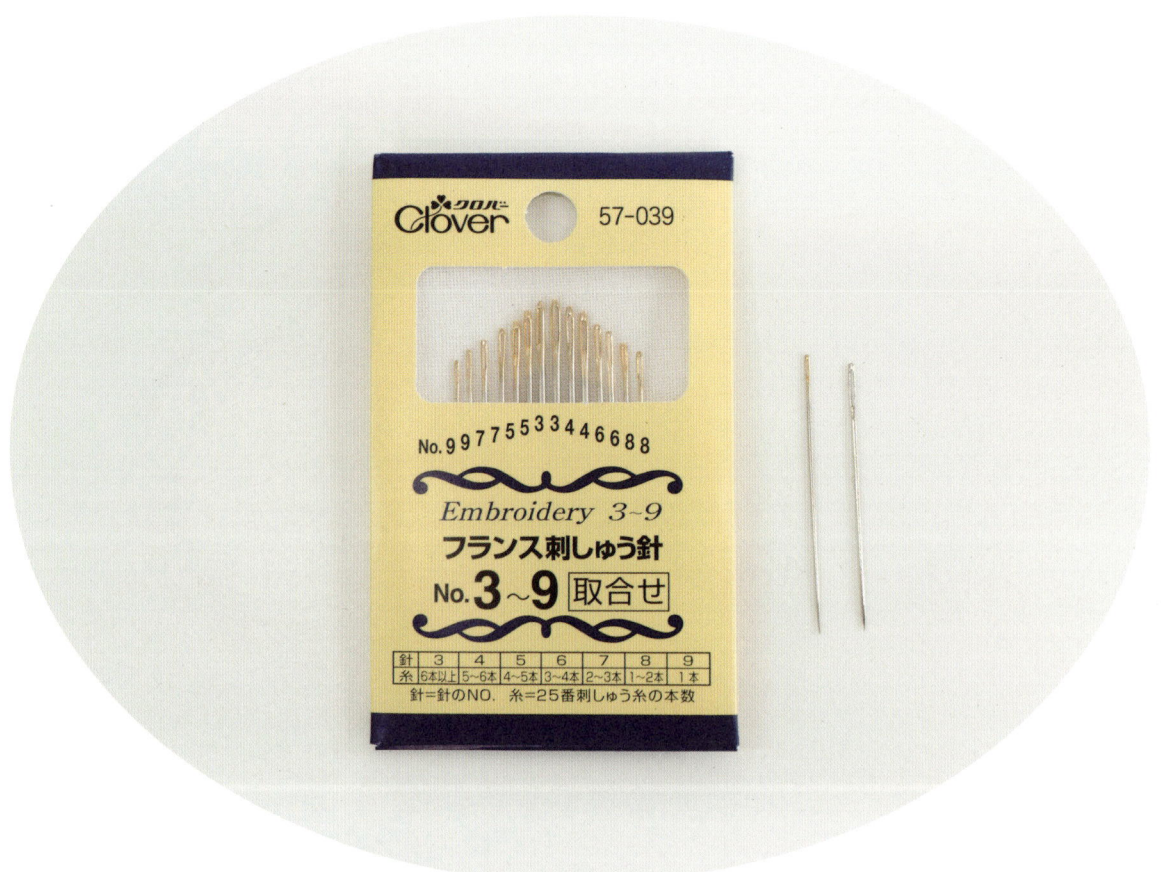

자수용 바늘은 바늘귀가 크고 뾰족하며 원단의 두께와 실의 굵기, 가닥 수에 따라 선택해서 사용합니다. 바늘 번호가 커질수록 바늘귀가 작고 얇은 바늘입니다. 대중적인 크로바 자수 바늘을 기준으로 보통 5~6호를 가장 많이 사용하고 얇은 원단에 수를 놓거나 비즈나 스팽글을 고정할 때는 7~10호를 사용합니다.

철필 ○ 수성펜 ○ 열펜

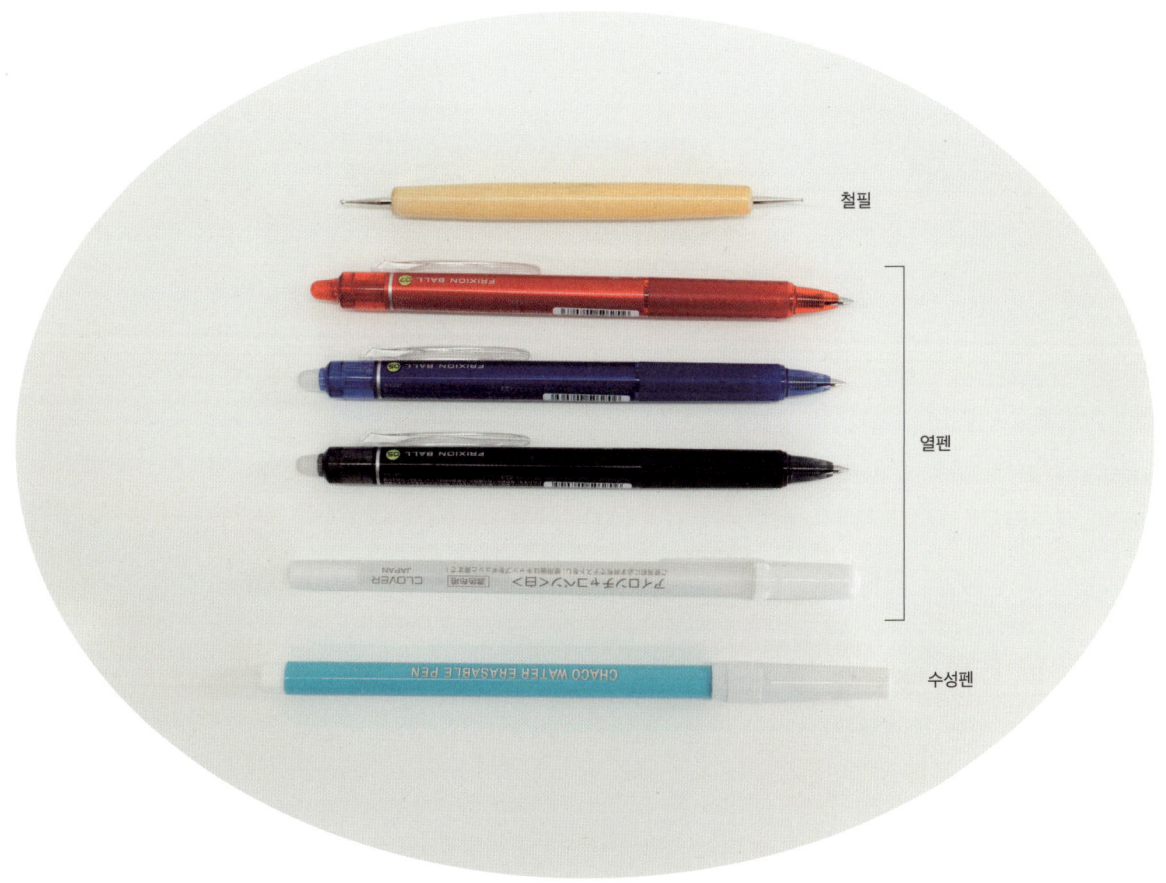

철필: 원단에 먹지를 깐 후 도안을 따라 덧그릴 때 사용하는 도구로 연필이나 볼펜으로 대체할 수 있습니다.

수성펜: 원단에 직접 도안을 그리거나 수정할 때 사용합니다. 물을 묻히면 쉽게 지워지지만 밝은 원단에 여러 번 덧그릴 경우 번지거나 섬세한 표현을 하기 어려운 단점이 있습니다.

열펜: 열을 가하면 지워지는 펜으로 다림질뿐 아니라 스팀다리미나 드라이기의 열로도 지울 수 있습니다. 잘못 그렸을 경우 뒤에 있는 특수 고무로 된 지우개로 지워서 수정할 수 있습니다. 다만, 영하의 온도로 내려가면 선이 다시 보일 수 있으므로 작업 후 가볍게 물세탁을 해서 도안을 깔끔하게 지워주는 것이 좋습니다.

수용성 심지 ○ 실크 접착 심지

수용성 심지: 물에 녹는 수용성 부직포 재질로 심지에 도안을 프린트하거나 심지 위에 덧그린 후 사용할 수 있습니다. 물에 녹아 사라지지만 원단에 잔여물이 남을 경우 원단이 빳빳해질 수 있으므로 따뜻한 물에 여러 번 헹구는 것을 권장합니다.

실크 접착 심지: 원단을 빳빳하게 고정하거나 뒷면의 거친 부분을 덮기 위해 사용되는 심지입니다. 열을 가하면 수축하기 때문에 덮으려는 면적보다 조금 크게 자른 후 고정합니다. 다림질할 때는 문지르지 말고 꾹 눌러 열을 가해야 밀리지 않고, 고열일 경우 심지가 녹을 수 있으므로 중간 불 정도로 열을 가합니다.

원단

자수를 처음 시작한다면 조직이 탄탄해 바느질하기 수월한 면이나 리넨 소재를 추천합니다. 대부분의 원단은 물세탁을 하면 원단이 수축하여 변형되기 쉬우므로 사용하기 전에 반드시 세탁하고, 다림질로 올을 균등하게 정리한 후 수놓기를 권장합니다. 메시 같이 얇고 투명한 원단은 쉽게 울기 때문에 수를 놓을 때 힘 조절에 특히 신경 써서 작업해야 합니다.

트레이싱지・먹지

트레이싱지: 도안을 옮겨 그릴 때 사용하는 기름종이로 다양한 두께와 사이즈가 있습니다.
먹지: 옮긴 도안을 원단에 그릴 때 사용합니다. 어두운색 원단에는 밝은색 먹지를, 밝은색 원단에는 어두운색 먹지를 사용합니다.

가위

자수용 가위와 재단용 가위를 분리해서 사용합니다. 자수용 가위는 끝이 가늘고 뾰족한 타입으로 실을 자르거나 잘못 놓은 땀을 뜯어내고 정리할 때 편리합니다. 원단을 자를 때 사용하는 재단용 가위는 천이 잘 잘리는 날이 크고 두꺼운 가위를 사용합니다.

패브릭 풀・올풀림 방지액

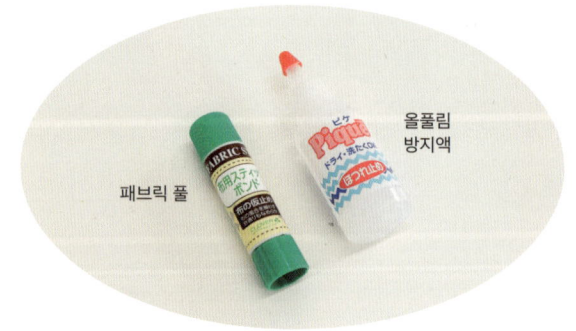

패브릭 풀: 시침핀을 대신해 원단, 도안, 심지를 임시로 고정하는 수용성 풀입니다.
올풀림 방지액: 원단을 자른 후 올풀림 방지를 위해 원단 끝에 발라줍니다.

실꿰기

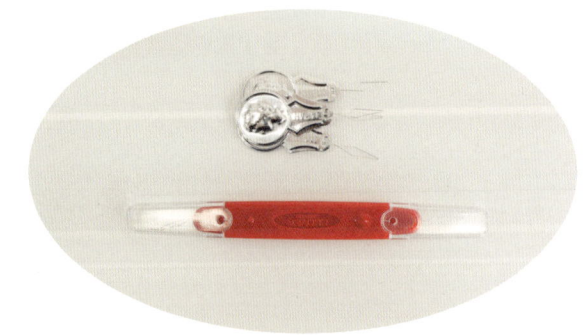

바늘 구멍에 실을 끼우기 힘들거나 여러 가닥의 실을 끼울 때 실꿰기를 사용하면 바늘에 실을 좀 더 쉽게 넣을 수 있습니다.

자수실

실 가닥 수에 따른 바늘 사이즈(크로바 바늘 기준)
1~2가닥 8, 9, 10호 / 3~4가닥 5, 6, 7호 / 5~6가닥 3, 4, 5호

DMC 25번 실: 이 책에서는 기본적으로 DMC 25번 자수실을 주로 사용했습니다. DMC 실은 색상이 선명하고 부드러우며 컬러가 다양해 가장 많이 사용하는 실입니다. 그중에서도 25번 실은 총 6가닥이 한 줄로 꼬여 있습니다. 도안에 따라서 원하는 실의 가닥 수 만큼 뽑아서 사용합니다.

그 외 자수실: DMC 25번 실 외에 DMC 특수사 및 앵커, 코스모 등 다양한 브랜드의 특수사를 함께 섞어서 사용합니다. 여러 브랜드에서 다양한 색상과 소재의 특수사가 나오니 도안에 적합한 특수사를 선택해 작업하는 것을 추천합니다.

부자재

부자재를 활용한 특별한 작품을 만들어보세요.
특수사와 함께 사용되는 여러 종류의 부자재를 소개합니다.

비즈: 포인트로 사용하거나 스팽글을 고정할 때 사용합니다. 많이 사용하는 둥근 모양의 씨드 비즈는 구멍 사이즈가 작아 크로바 바늘 8~10호를 사용해 고정합니다. 그 외에도 관통형, 육각형, 사각형 등 다양한 모양이 있습니다.

스팽글: 가운데 구멍이 있어 포인트로 고정할 때 사용하는 스팽글은 원형부터 꽃모양 육각형, 나선형 등 다양한 디자인이 있습니다. 스팽글은 열에 취약하기 때문에 다림질이나 스팀다리미를 사용할 경우 스팽글을 피해서 원단을 다리는 것이 좋습니다.

진주: 인조진주는 다양한 종류가 있지만 일반적으로 쉽게 벗겨지지 않는 핵진주를 많이 사용합니다. 작은 사이즈의 핵진주는 비즈 대신 스팽글을 고정할 때 사용하기도 합니다.

크리스탈: 비즈나 스팽글과 함께 포인트로 자주 사용합니다. 커팅 방식에 따라 디자인과 색상이 다양합니다.

자수 기본 재료 사용법

수틀 끼우기

고무수틀

1 고무수틀의 윗부분 고리는 작업할 때 분리한 후 시작합니다.

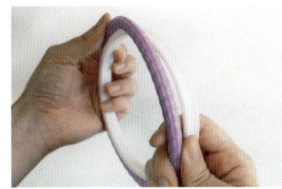

2 고무수틀을 분리해주세요.

3 안쪽 틀 위에 원단(도안)의 중심을 맞춰 올려놓습니다.

4 바깥쪽 틀을 원단 위에 올린 후 한쪽 부분을 눌러 먼저 끼워주세요.

5 나머지 부분을 눌러 고정시키고 원단을 팽팽하게 만들어줍니다.

나무수틀

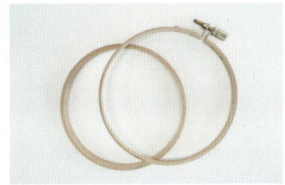

1 수틀 위의 나사를 돌려 분리합니다.

2 나사가 없는 안쪽 틀 위에 원단(도안)의 중심을 맞춰 올려주세요.

3 나사가 있는 바깥쪽 틀을 원단 위에 올려 수틀이 맞물리게 끼워주세요.

4 나사를 조여 수틀이 분리되지 않게 고정합니다.

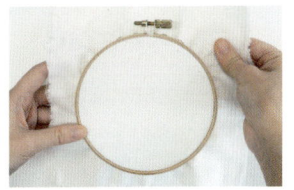

5 고정된 원단을 팽팽하게 당겨주세요.

실 다루기

보빈에 실 감기

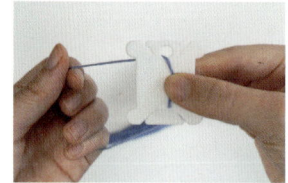

1 라벨에 번호가 적혀 있는 방향으로 실 끝의 한 가닥을 엉키지 않게 부드럽게 빼주세요.

2 실의 끝부분을 보빈의 구멍에 통과시킵니다.

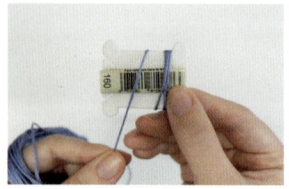

3 보빈 위에 라벨 번호가 보이도록 올려놓은 후 실을 감아 고정합니다.

4 실을 감을 때에는 고르게 감아야 관리하기 수월해요.

5 실 끝을 보빈의 홈에 걸어 마무리합니다.

실 정리하기

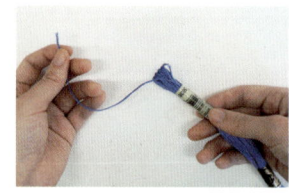
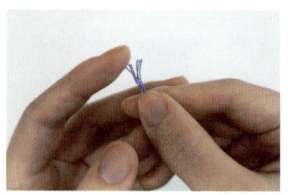

1 실 끝을 천천히 당겨 50cm 정도 길이로 잘라주세요.

2 DMC 25번 실은 6가닥으로 되어 있어요. 도안에 맞게 필요한 가닥 수만큼 하나씩 뽑아주세요.

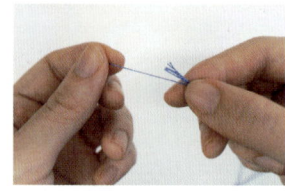
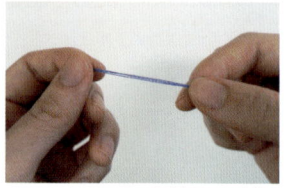

3 실을 한 가닥씩 뽑을 때에는 옆으로 분리하지 말고 반드시 위로 당겨주세요.

4 뽑아낸 실을 엉키지 않게 일자로 당겨가며 정리합니다.

Point

실의 6가닥을 모두 사용한다고 하더라도 반드시 한 가닥씩 뽑아서 정리해주세요. 그래야 깔끔하고 균일하게 수놓을 수 있습니다.

실 끼우기

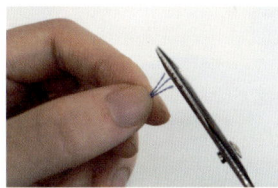
1 정리한 실의 끝을 잘라 균일하게 만들어주세요.

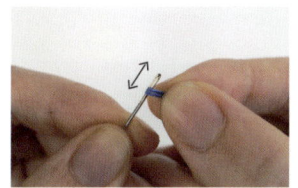
2 자수실 끝을 바늘귀에 대고 한 번 접어 바늘귀에 두세 번 문지릅니다.

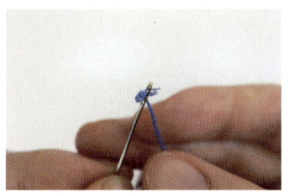
3 납작하게 접힌 상태 그대로 바늘귀에 밀어 넣으세요.

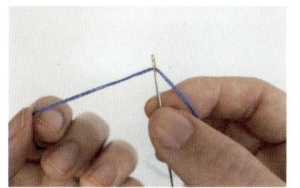
4 자수실을 빼냅니다.

실 매듭짓기

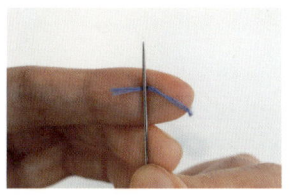
1 왼손에 바늘이 끼워진 실의 끝부분을 수평으로 놓은 후 바늘은 수직으로 올려놓으세요.

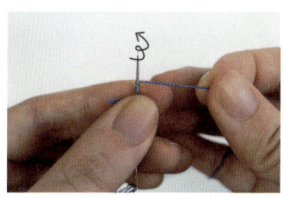
2 엄지손가락으로 바늘을 잡고 반대 손으로 실을 두세 번 바늘에 감아주세요.

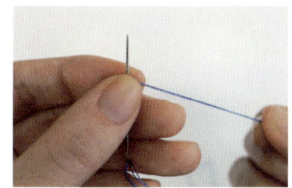
3 감은 실을 손가락으로 눌러줍니다.

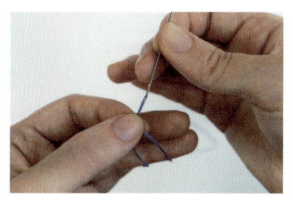
4 한 손은 실을 감은 부분을, 다른 한 손은 바늘을 잡고 바늘을 끝까지 쭉 빼주세요.

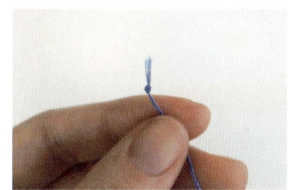
5 이렇게 하면 끝부분에 구슬매듭이 지어집니다.

도안 옮기기

1 도안 위에 트레이싱지를 올리고 도안을 따라 그립니다.

2 도안을 옮긴 트레이싱지를 원단에 올린 후 시침핀으로 고정해주세요.

3 원단과 도안 사이에 먹지를 끼웁니다.

4 철필 또는 끝이 뾰족한 볼펜으로 도안을 덧그립니다.

5 제대로 옮겨지지 않은 부분은 열펜이나 수성펜으로 덧그려 정리합니다.

6 도안 옮기기가 완성되었습니다.

✧ 깔끔하게 마무리하기 ✧

기본 마무리 매듭 1

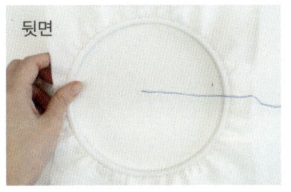

1 매듭을 지을 때는 뒷면으로 수틀을 돌립니다.

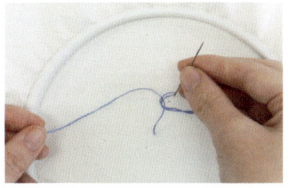

2 실로 고리를 만들어 그 안에 바늘을 넣어 빼줍니다.

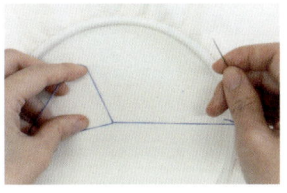

3 고리를 잡은 상태에서 매듭이 원단에 닿을 때까지 실을 당겨주세요.

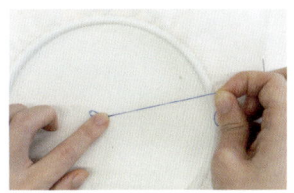

4 원단에 닿은 매듭을 손끝으로 누르며 실을 끝까지 천천히 당겨줍니다.

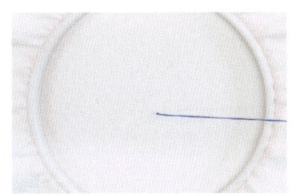

5 매듭이 원단에 바짝 붙은 상태로 완성됩니다.

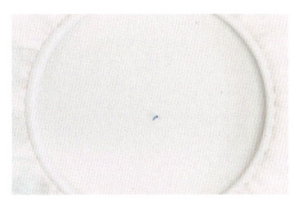

6 실을 살짝 남기고 가위로 자르면 깔끔하게 마무리됩니다.

기본 마무리 매듭 2

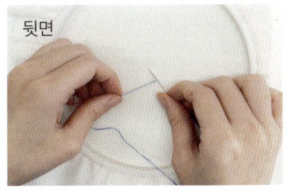

1 수틀을 뒤집어 방금 나온 위치에 바늘을 놓아주세요.

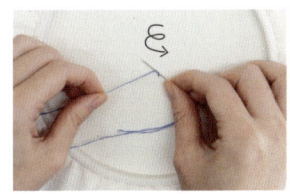

2 바늘에 실을 1~2회 감아줍니다.

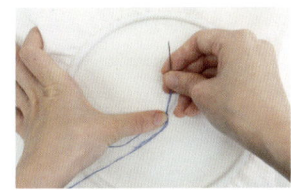

3 그대로 감겨 있는 실을 원단에 밀착해 누른 후,

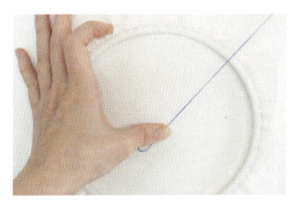

4 감겨 있는 실을 누른 상태로 바늘을 끝까지 잡아 당겨줍니다.

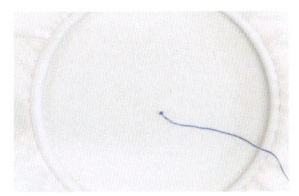

5 매듭이 원단에 바짝 붙은 상태로 완성됩니다.

선 마무리

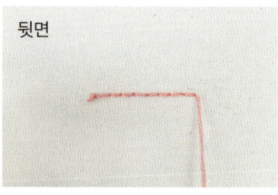
뒷면

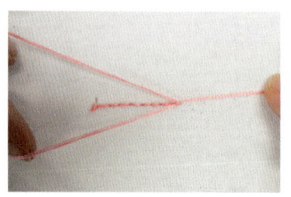

1 작업 후 뒷부분으로 바늘을 넣어 수틀을 뒤집어주세요.

2 원단에 최대한 밀착해 매듭을 지어줍니다.

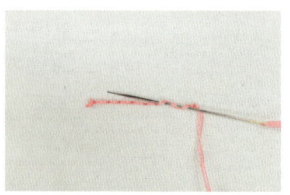

3 매듭지은 실을 자르기 전 뒷면의 땀에 지그재그로 바늘을 넣어 당겨주세요.

4 다시 반대로 지그재그로 바늘을 넣어주세요.

5 가위로 잘라 마무리합니다.

면 마무리

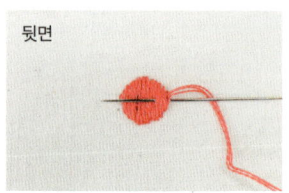
뒷면

1 수틀을 뒤집어 수놓은 뒷면에서 3분의 1 정도 간격으로 바늘을 넣어주세요.

2 바늘을 빼서 비슷한 간격으로 다시 통과시켜 주세요. 여러 번 반복합니다.

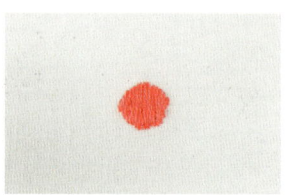

3 마지막 마무리 전에는 바늘을 끝까지 넣어 통과시켜 주세요.

4 끝부분은 가위로 바짝 잘라 마무리합니다.

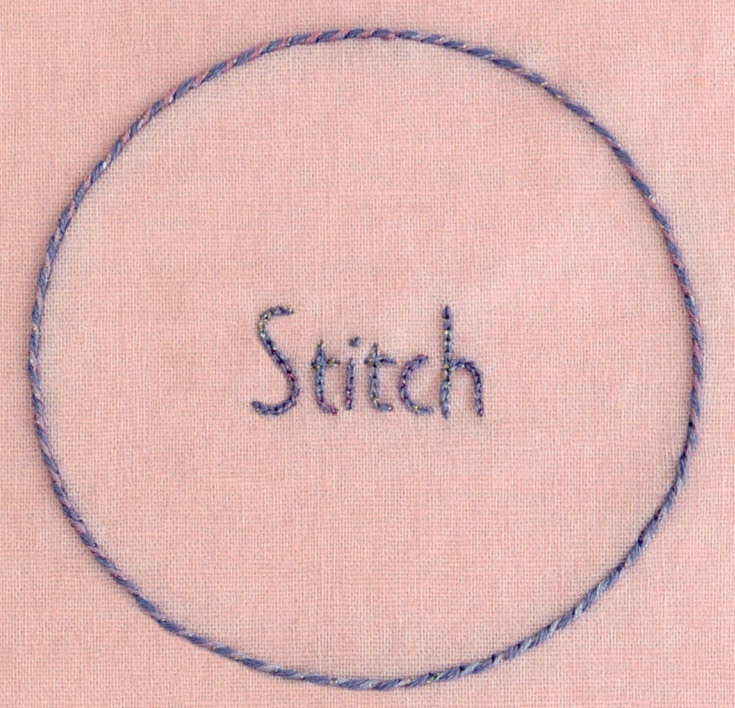

스트레이트 스티치 Straight stitch

가장 기본적인 스티치로 짧은 선을 표현할 때 주로 사용합니다.

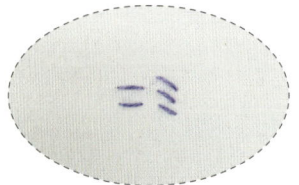 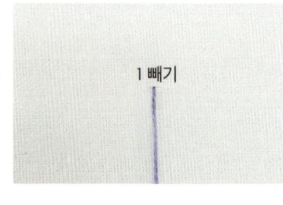 

1   1에서 나옵니다.

2   그대로 바늘을 2에 넣어주세요.

러닝 스티치 Running stitch

바느질 홈질과 같은 방식의 스티치로 주로 점선이나 윤곽을 표현할 때 사용합니다. 오른쪽에서 왼쪽으로 수를 놓습니다.

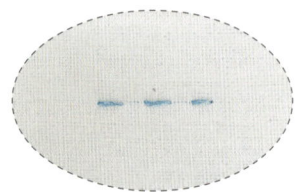 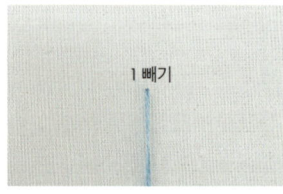 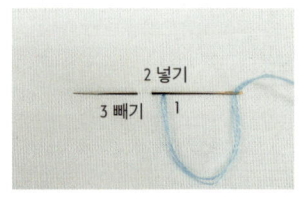 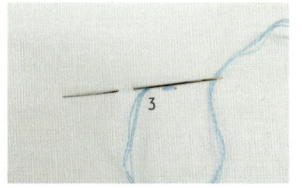

1   1에서 바늘을 빼냅니다.

2   동일한 간격으로 2, 3으로 바늘을 넣어 빼주세요.

3   2번의 과정을 도안의 길이만큼 반복해서 수를 놓아주세요.

백 스티치 Back stitch

박음질과 같은 형태의 스티치로 면을 채울 때에는 반폭씩 엇갈리게 수놓아 질감을 표현하기도 합니다.

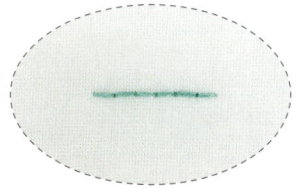

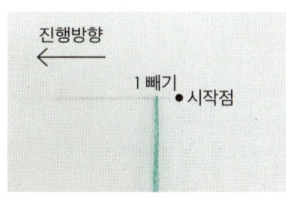

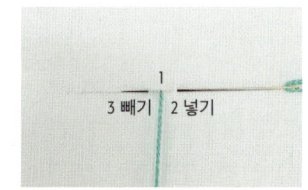

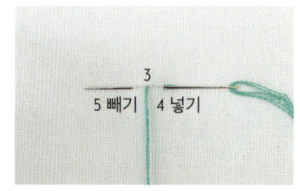

1 도안의 시작점보다 한 땀 앞쪽인 1에서 나옵니다.

2 도안의 시작점인 2로 되돌아가 바늘을 넣고 3으로 빼주세요.

3 땀 간격을 일정하게 유지하며 과정 2와 같은 방법으로 반복해서 수를 놓아주세요.

휘프트 백 스티치 Whipped back stitch

백 스티치를 한 후 다른 실로 백 스티치를 휘감아 표현하는 기법으로 사랑스럽고 귀여운 느낌을 주는 스티치입니다.

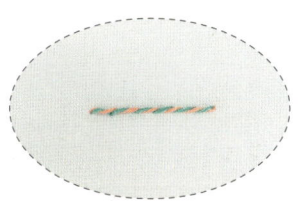

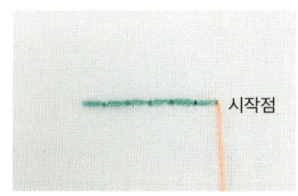

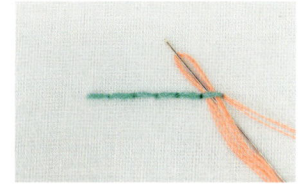

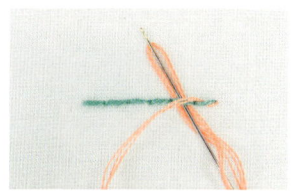

1 백 스티치를 수놓은 후 다른 색상의 실이 시작점으로 나옵니다.

2 바늘귀로 백 스티치의 땀을 통과해요.

3 백 스티치를 휘감으며 같은 방향으로 계속 실을 통과시켜 주세요.

4 백 스티치의 끝부분에 바늘을 넣고 수를 뒤에서 매듭지어 마무리합니다.

Point

휘감는 방향은 위나 아래가 상관없지만 한번 방향을 선택하면 수가 끝날 때까지 같은 방향을 유지하세요.

아우트라인 스티치 Outline stitch

줄기나 선을 표현할 때 자주 사용하는 스티치로 꽈배기 모양으로 표현됩니다. 곡선을 수놓을 때에는 땀 길이를 작게 해야 예쁘게 수가 놓아집니다. 아우트라인 스티치는 항상 왼쪽에서 오른쪽으로 진행합니다.

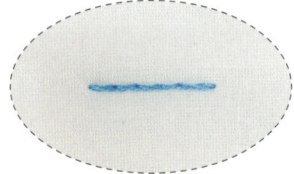 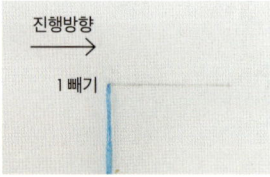 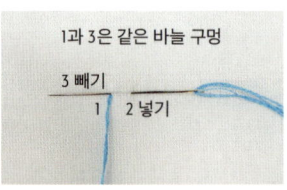 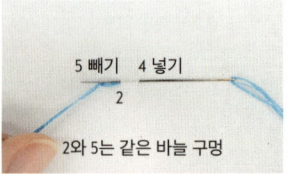

1 1에서 바늘이 나옵니다.

2 2에 한 땀을 넣고 시작점인 1로 돌아가 바늘을 빼주세요. 이때 다른 손은 실을 아래로 내려 잡아주세요.

3 다시 4에 한 땀 넣어 2로 돌아가 바늘을 빼주세요.

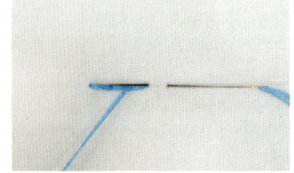

4 계속해서 한 땀 되돌아오는 스티치를 반복합니다.

Point

아우트라인 스티치를 수놓을 때는 항상 바늘을 쥔 반대 손으로 실을 아래나 위, 한 방향으로 고정해서 잡고 작업을 합니다. 수가 끝날 때까지 같은 방향으로 잡고 수를 놓아야 꽈배기 형태로 수가 놓이지기 때문인데요. 직선의 경우 보통 아래로 실을 내려 잡고 작업하지만, 곡선일 경우 곡선의 방향에 맞춰 실을 잡고 작업해야 한층 더 예쁘게 수가 완성됩니다.

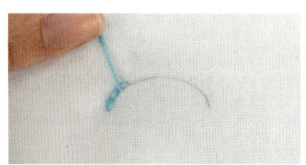 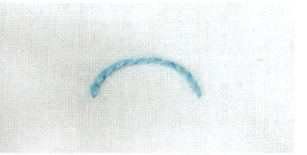

레이지 데이지 스티치 Lazy daisy stitch

작은 꽃잎이나 잎사귀를 표현할 때 주로 쓰는 기법으로 당기는 힘으로 스티치의 형태를 조절할 수 있습니다.

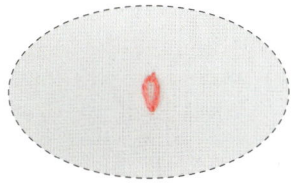 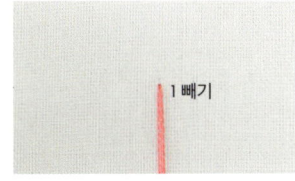 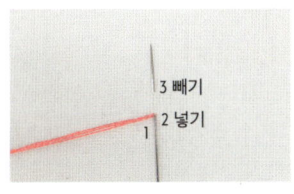 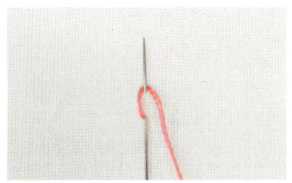

1 1에서 바늘을 빼냅니다.

2 왼손으로 실을 잡아 고정한 후 바늘을 1의 살짝 옆인 2에 넣어 3으로 반쯤 빼주세요.

3 왼손으로 잡은 실을 바늘에 걸어 고리를 만들어주세요.

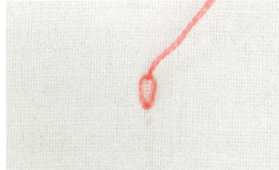 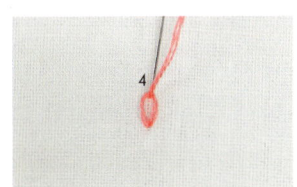

4 그대로 바늘을 당겨주세요. 원하는 모양으로 힘 조절하여 당겨주세요.

5 고리가 만들어진 상태에서 고리의 바깥쪽인 4에 한 땀 넣어 고정시킵니다.

레이지 데이지 스티치와 스트레이트 스티치 Lazy daisy stitch and Straight stitch

꽃잎이나 잎사귀의 면을 채우는 표현을 할 때 주로 사용합니다. 레이지 데이지 스티치 위에 스트레이트 스티치를 수놓아 도톰하게 두께를 조절할 수 있습니다.

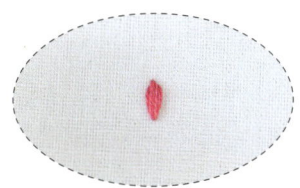 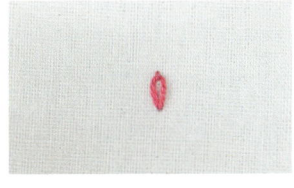 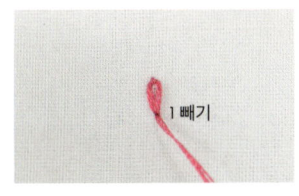 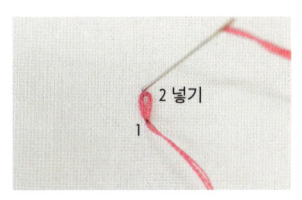

1 레이지 데이지 스티치를 수놓아주세요.

2 1로 다시 나옵니다.

3 2로 넣어 면을 채웁니다.

체인 스티치 Chain stitch

레이지 데이지 스티치가 이어지는 기법으로 연속으로 고리를 만들어 수를 놓는 방법입니다. 사슬 모양의 스티치로 선을 수놓거나 면을 채울 때 사용합니다.

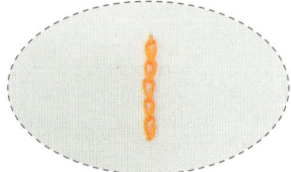

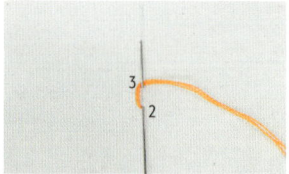
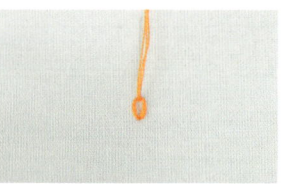

1 레이지 데이지 스티치와 동일하게 1에서 바늘을 빼낸 후 다시 1의 살짝 옆인 2에 바늘을 넣고 3으로 빼주세요.

2 반쯤 걸려 있는 바늘 뒤로 실을 걸어줍니다.

3 바늘을 당겨 고리를 만들어요.

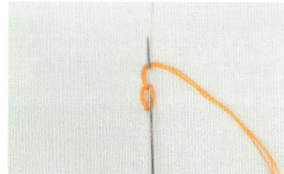

4 다시 고리 안에 바늘을 넣어 위 과정을 반복합니다.

5 마무리할 때는 고리 바깥쪽에 바늘을 넣어 고정합니다.

Point 1

모서리를 수놓을 때:
마무리한 후, 방향을 바꿔 마무리한 고리 안에 다시 체인 스티치를 진행하면 깔끔합니다.

Point 2

원형을 수놓을 때:
마지막 한 땀이 남아 있을 때 제일 처음 수놓은 체인 고리에 실을 걸어주면 시작과 끝이 깔끔하게 마무리됩니다.

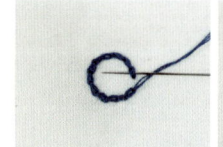
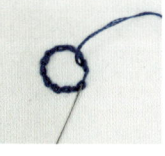
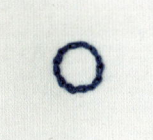

버튼홀 스티치 Buttonhole stitch

담요의 끝부분을 뜨는 방법에서 유래된 스티치로 테두리를 수놓거나 원단의 올이 풀리지 않게 마무리할 때 사용합니다. 간격을 일정하게 수놓아야 예쁘게 완성됩니다. 블랭킷 스티치Blanket stitch라고 불리기도 합니다.

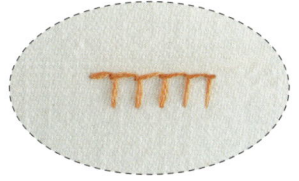

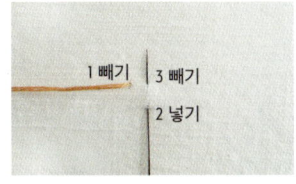
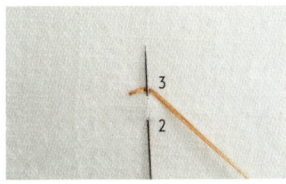
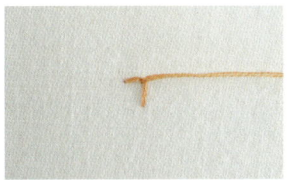

1 1에서 나온 후 2와 3으로 바늘을 넣어주세요. 땀의 간격은 조절할 수 있어요.

2 이때 바늘 뒤로 실을 보내주세요.

3 그대로 바늘을 당기면 ㄱ자 모양으로 실이 걸린 것을 볼 수 있습니다.

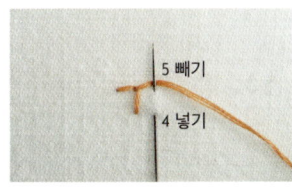
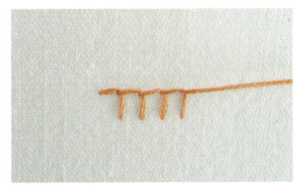
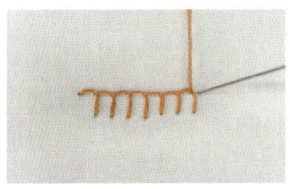

4 다시 같은 간격으로 4와 5로 바늘을 넣어 실을 바늘 뒤로 보내준 뒤 당겨주세요.

5 같은 간격을 유지하며 반복해서 수를 놓아주세요.

5 마지막 스티치 후 바로 옆에 바늘을 넣어 마무리합니다.

Point 1

작업하려는 버튼홀 스티치의 두께만큼 두 줄로 선을 긋고 작업하면 일정한 간격으로 수를 놓을 수 있습니다.

Point 2

항상 바늘 뒤에 실을 지나가게 해준다는 생각으로 수를 진행하면 왼쪽이나 오른쪽으로 자유롭게 수를 놓아도 헷갈리지 않아요.

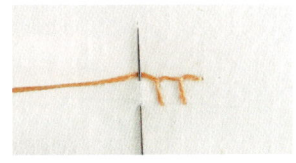

버튼홀 레이스 스티치 Buttonhole lace stitch

실을 엮어 작은 레이스 같은 형태로 수놓는 방법입니다. 주로 모퉁이나 가장자리에 수를 놓아 포인트를 줍니다.

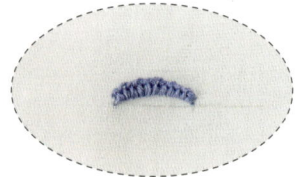

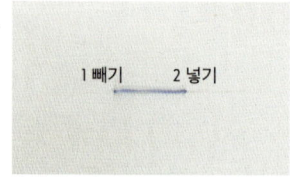

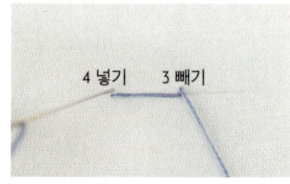

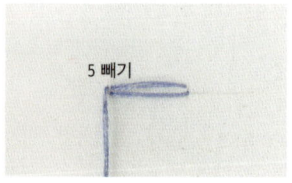

1 1에서 나온 후 2에 넣어주세요.

2 3으로 뺀 후 다시 4에 넣어 두줄로 심지를 만듭니다.

3 다시 5로 빼주세요.

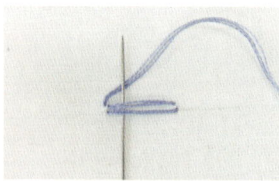

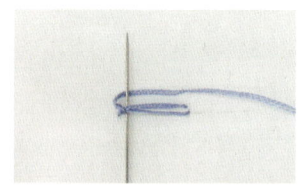

4 두 줄이 된 심지에 바늘을 넣어 버튼홀 스티치를 합니다.

4 심지 끝까지 버튼홀 스티치를 반복해주세요.

Point

일정한 길이를 정해놓고 반복하면 물결 모양으로 버튼홀 레이스 스티치를 수놓을 수 있습니다.

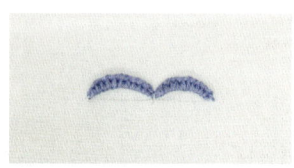

프렌치 노트 스티치 French knot stitch

꽃의 수술을 표현할 때 사용하는 스티치로 실 가닥 수와 감는 횟수로 크기를 조절할 수 있습니다. 실 가닥 수를 너무 많이 늘리면 바늘이 지나간 자리의 구멍이 커질 수 있으므로 적절하게 조절합니다.

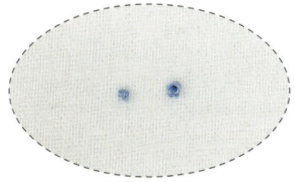 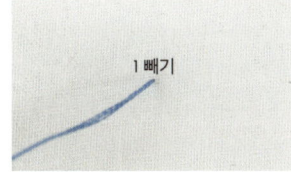 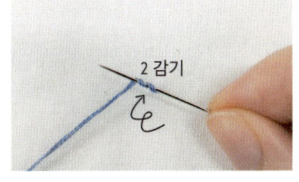 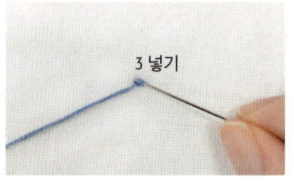

1 1로 나옵니다.

2 오른손으로 바늘을 잡고 왼손으로 실을 잡아 바늘에 두세 번 감아주세요.

3 왼손으로 실을 잡아당긴 상태에서 3에 바늘을 넣어 원단에 밀착해 고정시킵니다.

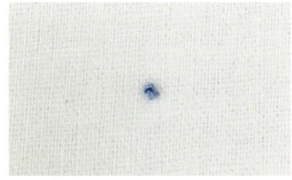

4 프렌치 노트 스티치가 완성되었습니다.

새틴 스티치 Satin stitch

새틴 스티치는 실을 같은 방향으로 연속으로 수놓아 면을 메우는 스티치입니다. 아우트라인 스티치나 러닝 스티치로 도안의 바깥선을 수놓은 후 그 안으로 새틴 스티치를 수놓게 되면 한층 볼륨감 있는 스티치를 완성할 수 있습니다.

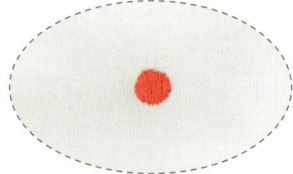
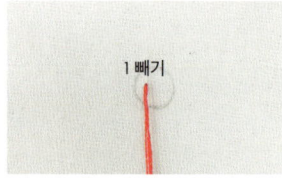
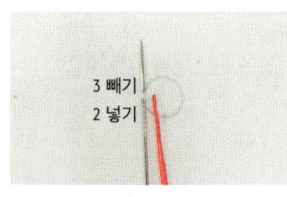
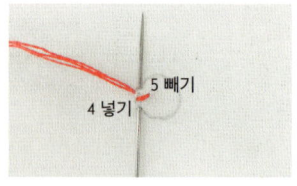

1 도안의 경계선보다 약간 안쪽에서 바늘을 빼주세요. 뒷면 매듭을 숨기기 쉽게 가운데서 실을 빼줍니다.

2 도안의 시작점으로 돌아가 2에서 넣고 일직선인 3으로 빼주세요.

3 도안의 시작점부터 다시 4에 넣어 5로 빼주세요.

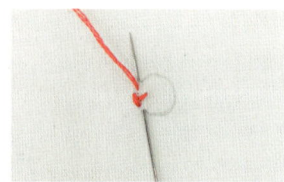

4 면적에 따라 2~3의 과정을 반복하며 채웁니다. 채울 때 뒷면의 매듭을 함께 감싸며 숨겨주세요.

Point

넓은 면을 채울 때는 면의 구획을 나눈 후 조금씩 채워나가면 수직을 맞춘 스티치를 완성할 수 있습니다.

스팽글

비즈로 스팽글 고정하기

1 바늘을 1에서 빼낸 후 바늘에 스팽글을 넣어 원단에 고정해주세요.

2 스팽글을 넣은 바늘에 비즈를 넣어 스팽글 쪽으로 당겨주세요.

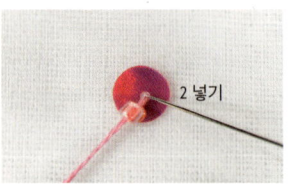

3 비즈는 제외하고 스팽글 구멍에 바늘을 넣어주세요.

4 수틀을 뒤집어 매듭을 지어주세요. 첫 매듭 위에 두세 번 매듭을 짓습니다.

Point

스팽글과 비즈의 색상이 연하다면 바탕 원단의 색에 맞춰 실을 선택하고, 선명하고 어두울 경우 부자재에 맞춰 실을 선택해야 연결된 부분이 튀지 않습니다.

한쪽만 스팽글 고정하기

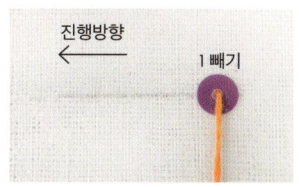

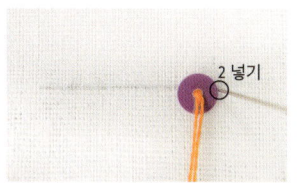

1 1에 스팽글을 올려놓은 후 스팽글의 가운데 구멍으로 바늘을 빼주세요.

2 스팽글의 오른쪽인 2에서 다시 바늘을 넣어주세요.

3 새 스팽글을 나란히 놓은 후 새 스팽글의 가운데 구멍에서 바늘을 뺍니다.

4 첫 번째 스팽글과 두 번째 스팽글의 중간에 바늘을 넣어요.

5 3과 4를 반복하여 스팽글을 연달아 고정합니다. 스팽글을 이어서 고정할 때에는 항상 오른쪽에서 왼쪽으로 진행해주세요.

양쪽으로 스팽글 고정하기

1 1에 스팽글을 올려놓은 후 스팽글의 가운데 구멍으로 바늘을 빼주세요.

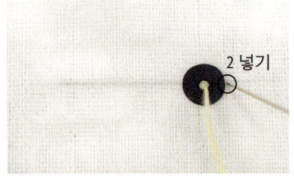

2 스팽글의 오른쪽인 2에서 다시 바늘을 넣어주세요.

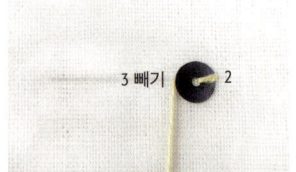

3 스팽글의 왼쪽 끝으로 바늘을 빼주세요.

4 스팽글의 가운데 구멍으로 다시 바늘을 넣어줍니다.

5 도안에 맞춰 새 스팽글을 나란히 놓은 후 가운데 구멍으로 바늘을 빼주세요.

6 스팽글과 스팽글 사이 도안의 선에 맞춰서 바늘을 넣어주세요.

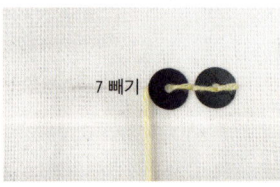

7 한쪽만 고정된 스팽글의 왼쪽 끝으로 바늘을 빼고,

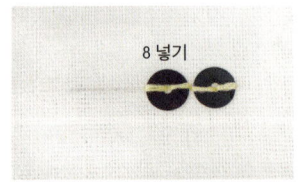

8 스팽글의 가운데 구멍으로 다시 바늘을 넣어주세요.

9 5~8번을 반복하며 연속으로 고정합니다.

겹쳐서 스팽글 고정하기

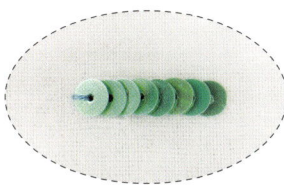

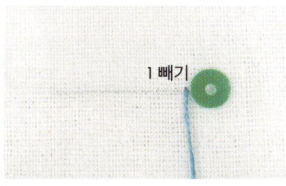

1 도안의 시작점에 스팽글을 올려놓은 후 스팽글의 왼쪽 끝으로 바늘을 빼주세요.

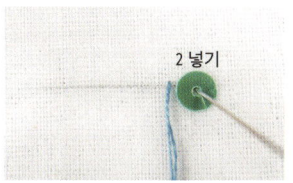

2 스팽글의 가운데 구멍으로 바늘을 넣어요.

3 새 스팽글의 구멍을 고정된 스팽글의 왼쪽 끝부분에 놓아주세요.

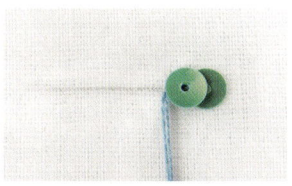

4 새 스팽글의 왼쪽에서 바늘을 빼주세요.

5 가운데 구멍으로 바늘을 넣습니다.

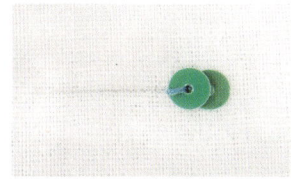

6 3~5번을 반복하며 연속으로 고정합니다.

Point

새 스팽글의 위치를 잡을 때에는 스팽글 구멍 안에 이전에 수놓은 실의 위치를 확인하면 나란하게 고정할 수 있습니다.

✧ 비즈 및 기타 부자재 ✧

스트레이트 스티치로 비즈 고정하기

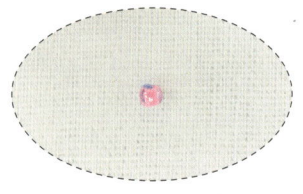  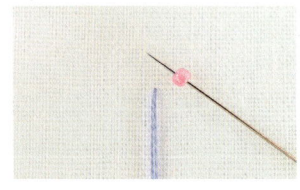 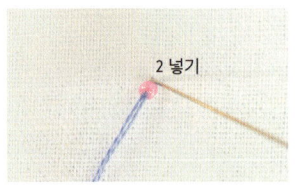

1 1에서 바늘을 빼주세요.

2 비즈를 바늘에 넣어 실과 원단에 밀착시킵니다.

3 비즈를 원단에 고정시킨 상태로 2에 바늘을 넣어주세요.

백 스티치로 비즈 고정하기

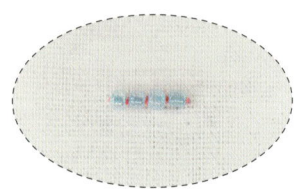 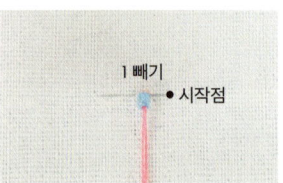 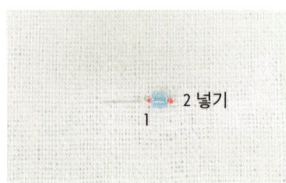 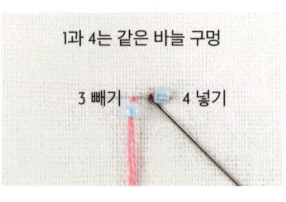

1 도안의 시작점보다 한 땀 앞쪽인 1에서 나와 바늘에 비즈를 넣어 원단에 밀착시키세요.

2 도안의 시작점인 2로 되돌아갑니다.

3 비즈의 길이에 맞춰 3으로 나와 비즈를 넣은 후 4로 넣어주세요.

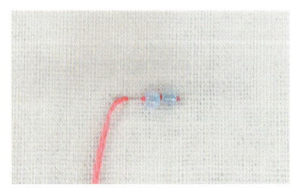

4 같은 방법으로 반복해서 수를 놓아 진행합니다.

버튼홀 스티치로 비즈 고정하기

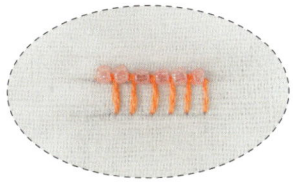

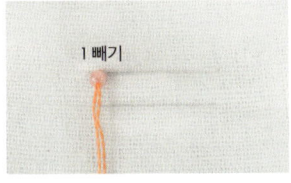

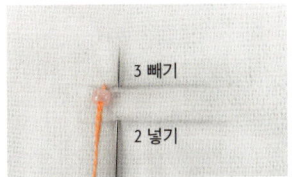

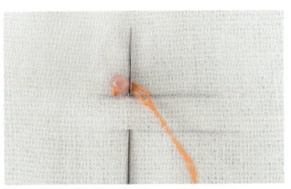

1 1에서 나온 후 바늘에 비즈를 넣어주세요.

2 아래의 2로 넣고 위의 3으로 바늘을 빼주세요. 비즈 길이에 맞춰 간격을 조정하세요.

3 비즈를 제외하고 실만 바늘의 뒤로 보내주세요.

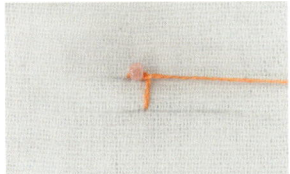

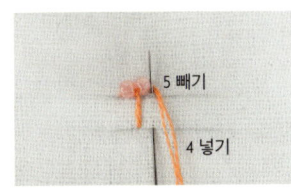

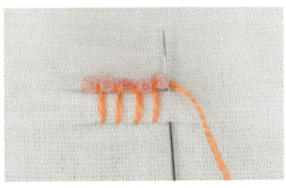

4 그대로 바늘을 당겨주면 비즈가 ㄱ자 모양으로 실에 걸린 것을 볼 수 있습니다.

5 다시 바늘에 비즈를 넣은 후 4와 5로 바늘을 넣어 실을 바늘 뒤로 보내준 뒤 당겨주세요.

6 같은 간격을 유지하며 반복해서 수를 놓습니다.

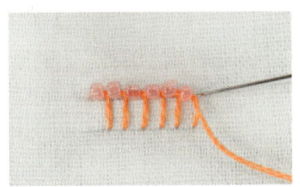

7 마지막 스티치 후 비즈 옆으로 바늘을 넣어 마무리합니다.

Point

비즈를 버튼홀 스티치로 한 땀씩 걸러 고정시키면 다른 느낌으로 연출할 수 있습니다.

레이지 데이지 스티치로 비즈 고정하기

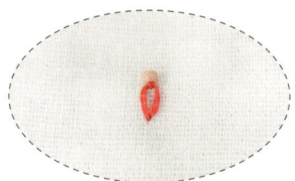

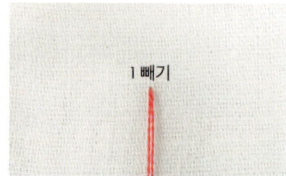

1   1에서 바늘을 빼주세요.

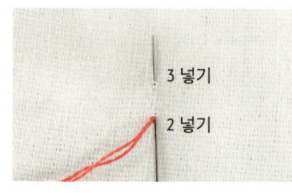

2   바늘을 다시 1의 살짝 옆인 2에 넣어 3으로 반쯤 빼냅니다.

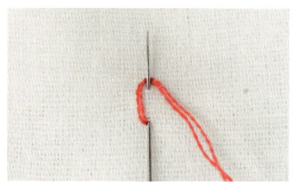

3   왼손으로 잡은 실을 바늘에 걸어 고리를 만들어요.

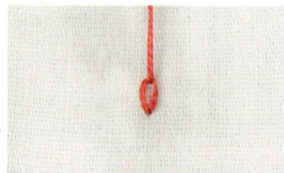

4   그대로 바늘을 당겨서 빼주세요. 이때 고리가 너무 당겨지거나 헐겁지 않게 힘 조절을 하며 당깁니다.

5   바늘에 비즈를 넣어주세요.

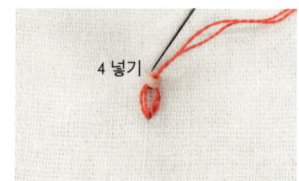

6   비즈를 넣은 상태에서 고리의 바깥쪽으로 한 땀 넣어 고정시킵니다.

Point

위 과정을 반복하며 이어주면 체인 스티치로 연결되듯이 비즈가 고정됩니다.

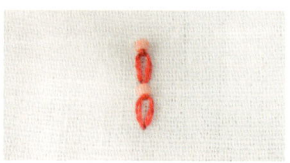

체인 스티치와 러닝 스티치로 비즈 고정하기

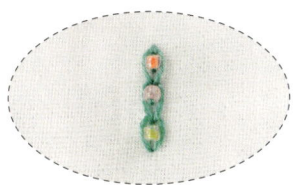

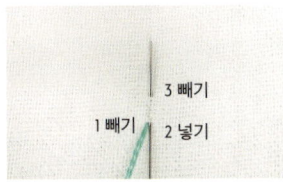

1 1에서 바늘을 빼낸 후 다시 1의 살짝 옆인 2에 넣어 3으로 바늘을 반쯤 빼주세요.

2 반쯤 걸려 있는 바늘 뒤로 실을 걸어줍니다.

3 바늘을 당겨 고리를 만들어요. 이때 고리를 둥근 형태가 되도록 살짝 느슨하게 만들어줍니다.

4 다시 고리 안에 바늘을 넣어 1~3을 반복하며 체인 스티치를 마무리하세요.

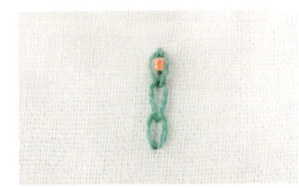

5 체인 스티치의 작은 고리 안에 러닝 스티치로 간격을 맞춰 비즈를 수놓아주세요.

크리스탈과 진주 고정하기

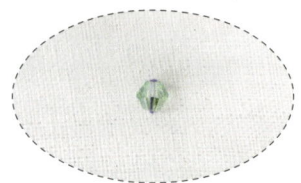

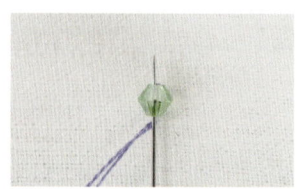
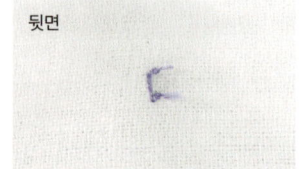

1 크리스탈을 바늘에 넣어주세요.

2 크리스탈 길이에 맞게 바늘을 넣어 고정합니다.

3 여러 번 반복해 고정 후 뒤에서 매듭을 지어 마무리합니다.

Point

크리스탈이나 진주는 비즈보다 사이즈가 크기 때문에 주변 사물에 걸려 쉽게 떨어질 수 있으므로 반드시 서너 번 고정하고, 여러 번 마무리 매듭을 지어주세요.

Chapter 04

˚소품 만들기˚

차근차근 스티치 연습

새틴 스티치로 수놓기

새틴 스티치의 각도를 조절하며 수놓는 방법을 연습합니다. 새틴 스티치는 실을 직선으로 채워 면을 매우는 스티치여서 결을 고르게 수놓는 것이 중요합니다. 특히 레터링은 얇고 길쭉한 형태가 많으므로 사선으로 각도를 잘 조절해야 안정적으로 완성됩니다.

Materials

DMC 517(3), 크로바 바늘 6~7호

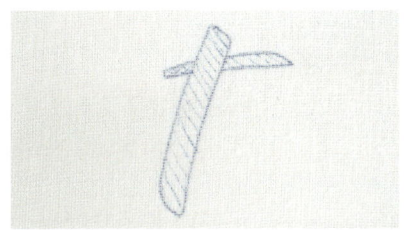
1 원단에 도안을 옮긴 후 수틀에 고정하고 열펜으로 수놓을 각도를 미리 표시해요.

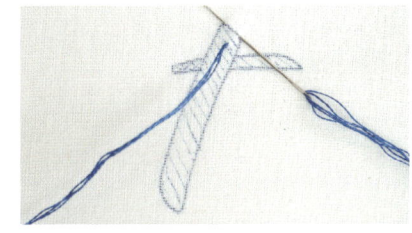
2 도안의 안쪽에서 바늘을 뺀 후 새틴 스티치를 시작합니다.

3 열펜으로 표시된 각도를 유지하며 수를 놓아주세요.

4 수를 놓다보면 각도가 무너지는 경우가 생겨요. 좁아져야 하는 부분은 한 구멍에 두 번 바늘을 넣어 수를 놓아주세요.

5 반대로 넓어져야 하는 부분은 간격을 조금 넓게 수놓습니다.

6 반복해서 작업하면 각도가 다시 조절됩니다.

7 마지막까지 수놓은 뒤 수틀을 뒤집어주세요.

8 매듭을 지은 후 여러 번 반복해서 바늘을 통과시켜 마무리합니다.

9 새틴 스티치가 완성되었습니다.

체인 스티치와 버튼홀 스티치로 수놓기

스티치를 작업하면서 뒷면의 수를 타고 이동해 뒷면을 깔끔하게 작업하는 방법을 연습합니다. 특수사를 섞어서 작업할 경우 실이 엉키거나 분리될 수 있으므로 한 가닥씩 당겨서 실을 정리한 후 다시 작업해주세요. (점선: 체인 스티치, 실선: 버튼홀 스티치)

1 원단에 도안을 옮긴 후 수틀에 고정합니다.

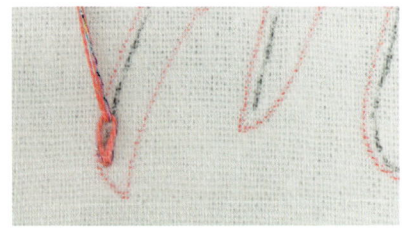

2 도안에 따라 안쪽 선에 체인 스티치를 시작합니다.

3 1구역의 선을 체인 스티치로 수놓아주세요.

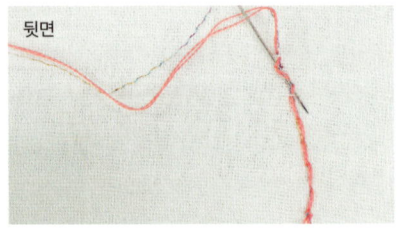

4 수틀을 뒤집어 뒷면의 수를 따라 지그재그로 타고 내려와 실을 정리하며 체인 스티치를 마무리합니다.

5 앞면으로 바늘을 빼서 2구역의 체인 스티치를 시작합니다.

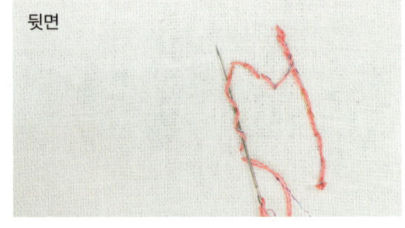

6 수를 다 놓으면 수틀을 뒷면으로 돌려 수를 지그재그로 타면서 다음 구역 시작점으로 올라갑니다.

7 3구역의 체인 스티치도 작업해주세요.

8 처음 시작점으로 돌아가 버튼홀 스티치를 시작합니다.

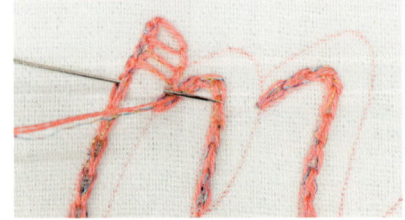

9 체인 스티치 고리 안에 버튼홀 스티치가 자연스럽게 들어가도록 연결해서 수놓아주세요.

Materials

DMC 3708(3), 크로바 바늘 6~7호

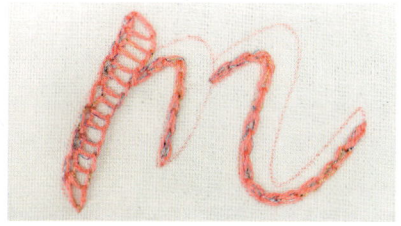

10 1구역 버튼홀 스티치를 마무리합니다.

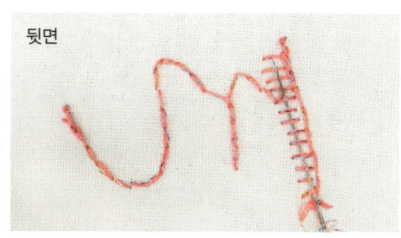

11 수틀을 뒤집어 버튼홀 스티치의 뒷면 수에 바늘을 넣어 2구역 시작점으로 이동해주세요.

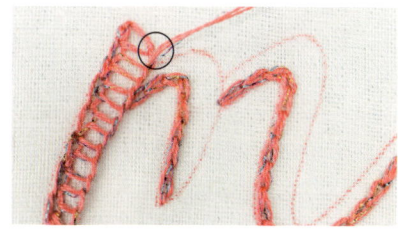

12 2구역 체인 스티치를 기준으로 버튼홀 스티치를 시작합니다.

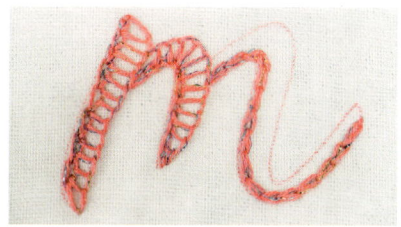

13 2구역 버튼홀 스티치를 마무리해요.

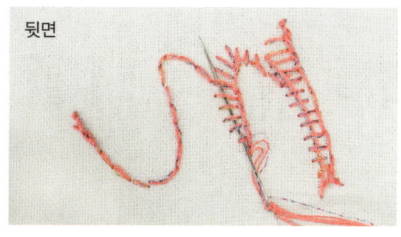

14 수틀을 뒤집어 버튼홀 스티치 뒷면 수에 바늘을 넣어 3구역 시작점으로 이동해주세요.

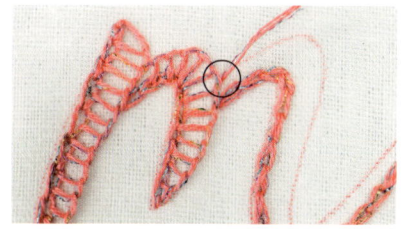

15 3구역 버튼홀 스티치를 시작합니다.

16 큰 곡선이 있을 때는 스티치가 말려들어가지 않도록 중간에 한 번씩 마무리한 후 연결해서 작업하면 좋아요.

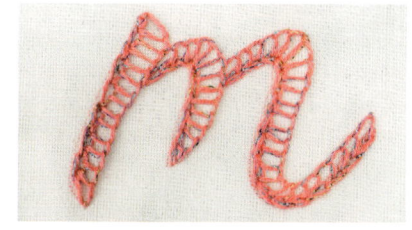

17 체인 스티치와 버튼홀 스티치를 이용한 알파벳이 완성되었습니다.

비즈와 스팽글 고정하기

비즈와 스팽글로 포인트를 주는 스티치를 연습합니다. 부자재는 작업 중간에 반드시 매듭을 지어 마무리하면서 단단하게 고정합니다. 특히 크리스탈 같이 사이즈가 큰 부자재는 두세 번 이상 바늘을 통과시켜 고정한 다음 매듭을 지어주세요.

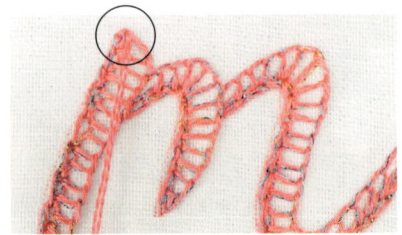

1 버튼홀 스티치로 생긴 비어 있는 공간에서 바늘을 빼주세요.

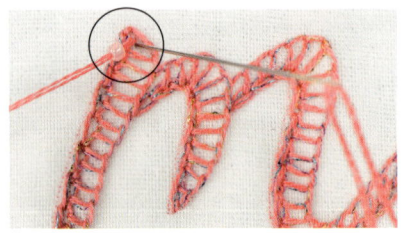

2 비즈를 넣어 스트레이트 스티치를 합니다.

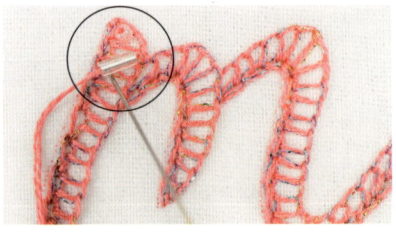

3 원통형 비즈나 길이가 긴 비즈를 고정할 때는 비즈의 길이만큼 간격을 맞춰 바늘을 넣어요.

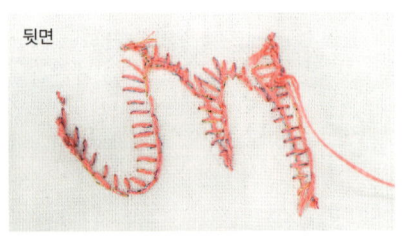

4 네다섯 개 정도 고정한 후에는 수틀을 뒤집어 매듭을 지어주세요.

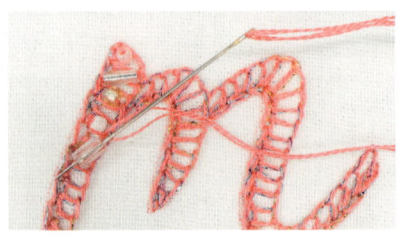

5 크리스탈을 고정할 때는 두세 번 매듭을 지어 고정하면 튼튼합니다.

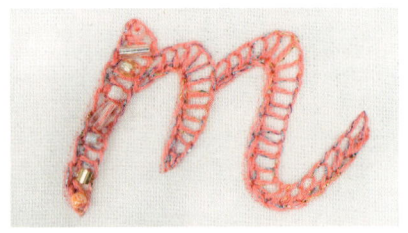

6 첫 번째 구역을 모두 채워 마무리해주세요.

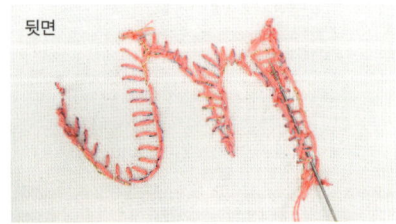

7 수틀을 뒤집어 뒷면의 수를 타고 다음 구역으로 이동합니다.

8 스팽글을 고정할 때에는 비즈로 고정한 후 뒤집어서 항상 매듭을 지어주세요.

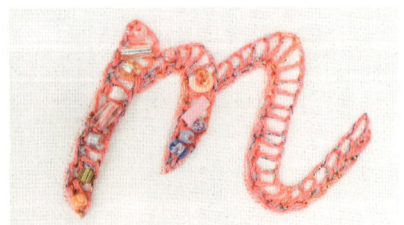

9 비즈로 2구역을 채워요.

Materials

비즈, 크리스탈, DMC 3708(2), 크로바 바늘 8~9호

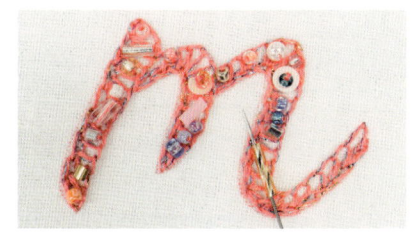

10 수틀을 뒤집어 뒷면의 수를 타고 다음 . 구역으로 이동합니다.

11 비즈와 스팽글을 이용해 스티치를 가리지 않도록 약간의 여백을 주며 공간을 채웁니다.

12 비즈와 스팽글로 포인트를 준 알파벳이 완성되었어요.

13 뒷면 역시 깔끔하게 마무리되었습니다.

소품으로 만들어요

손거울

1 수놓은 원단에 거울 프레임을 대고 시접이 될 부분을 1.5~2cm 넓게 그려주세요.

2 도안에 맞추어 원단을 자릅니다.

3 시접의 안쪽을 크게 홈질해주세요.

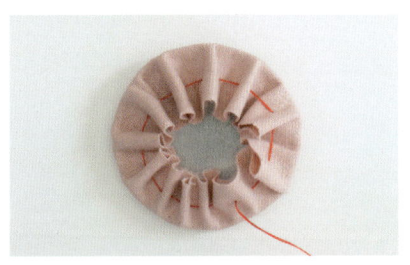

4 프레임을 원단에 넣은 후 홈질한 실을 잡아당겨 오므려주세요.

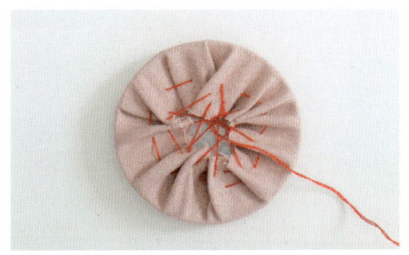

5 오므린 부분을 여러 번 왔다갔다하며 꿰매서 단단히 고정시킵니다.

6 거울 뚜껑과 원단에 목공풀을 발라 고정된 프레임을 붙여주세요. 무거운 물건을 위에 올려 놓으면 더욱 단단하게 고정됩니다.

7 거울이 완성되었습니다.

그립톡

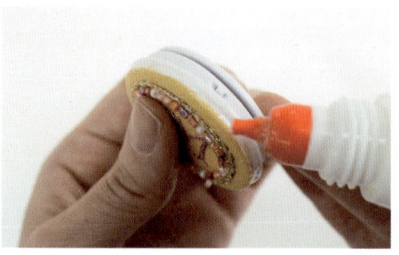

1   손거울 1~5의 과정과 동일하게 그립톡 프레임에 원단을 고정해주세요.

2   그립톡 프레임에 붙어 있는 스티커를 제거한 후 프레임에 목공풀을 발라 붙여줍니다.

3   옆면에 들뜬 부분이 있을 때는 목공풀로 들뜬 부분을 채워주세요.

4   물티슈나 종이로 매끈하게 문질러 옆면을 정리합니다. 목공풀은 마르면서 투명하게 굳어져 깔끔해져요.

5   그립톡이 단단하게 고정되었습니다.

6   휴대폰 케이스에 그립톡 아래의 스티커를 제거하고 그립톡을 붙여 고정합니다.

수틀 오너먼트

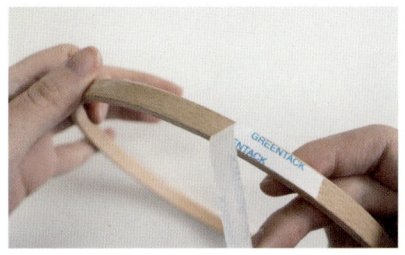

1 수틀을 분리하고 분리된 안쪽 수틀 옆면에 양면테이프를 붙여주세요.

2 양면테이프를 붙인 수틀 위에 원단을 중심에 맞춰 붙입니다.

3 나사가 있는 수틀을 올려 양면테이프를 붙인 수틀과 맞물리게 끼워요.

4 나사를 조여 수틀이 분리되지 않게 고정합니다.

5 고정된 수틀을 뒤집어 빠져나온 원단을 수틀에 맞춰 잘라주세요.

6 완성된 수틀의 나사에 얇은 끈이나 실을 묶어 벽면에 걸어 완성합니다.

액자

1 수놓은 원단을 캔버스 위에 올려 중심을 맞춘 후 접히는 부분을 표시하세요.

2 캔버스에 딱풀을 고르게 펴 바릅니다.

3 원단을 캔버스 중심에 맞춰 평평하게 붙여요.

4 모서리 부분이 울지 않도록 접어서 정리합니다.

5 타카나 압정으로 규칙적인 간격에 맞춰 고정시켜 주세요.

6 남은 원단을 잘라 정리합니다.

7 벽에 걸거나 테이블에 세워 완성합니다.

도안

도안을 살펴보기 전에

①

DMC 25번 실을 기준으로 작성하였습니다.

②

도안은 스티치 기법, 실 색상 번호(가닥 수) 순으로 표기하였습니다.
예시: 새틴 S 3708(2) (S는 스티치의 약자)

③

특수사를 섞은 경우, DMC 25번 실과 특수사의 실 가닥 수가 각각 표시되었습니다.
예시: 새틴 S 602(2), 메탈릭 4280(2).
이 경우 새틴 스티치를 DMC 25번 602 색상 2가닥과
메탈릭 4280 색상 2가닥을 섞어 총 4가닥으로 수놓습니다.

메시 마켓백
Please stitch for me

재료: 메시 마켓백
사이즈: 32×44cm

새틴 S 823(3)

티셔츠
Love

재료: 면 티셔츠

LOVE: 체인 S 761(2)
하트 테두리: 버튼홀 레이스 S 761(3)

TIP
수를 놓고 난 후 원단이
울 수 있으므로 실을 너무
강하게 당기지 않도록
주의하며 수를 놓아주세요.

액자
Be the sunshine

be the sunshine

재료: 금속 프레임 액자(15×15cm),
메시 원단(20×20cm 이상), 양면테이프, 올풀림 방지액
사이즈: 15×15cm

아우트라인 S 앵커롤금사 300(1)

(TIP)

1. 원단을 액자 프레임 사이즈에 맞춰 자른 후 원단 끝부분에 올풀림 방지액을 발라줍니다.
2. 액자 끝부분에 양면테이프를 얇게 조각내 붙인 후, 원단을 붙여 고정하고 프레임을 덧씌워 완성합니다.

에코백
Fly me to the moon

재료: 에코백
사이즈: 34.5×39.5cm

Fly me to the moon: 체인 S 225(2), DMC메탈릭 4280(1)
달: (점선)체인 S+(실선)버튼홀 S 225(2), DMC메탈릭 4280(1)

파우치
My pouch

체인 S 26(2), DMC메탈릭 4280(1)

체인 S 153(2), DMC메탈릭 4280(1)

체인 S 3840(2), DMC메탈릭 4280(1)

재료: 파우치
사이즈: 15×17cm

My: 백 S 798(2), DMC메탈릭 4280(1) / 휘프트 백 S 603(2), DMC메탈릭 4280(1)
Pouch: 백 S 798(2), DMC메탈릭 4280(1) / 휘프트 백 S 3341(2), DMC메탈릭 4280(1)

TIP
휘프트 백 스티치를 수놓을 때 한 방향으로 진행해야 예쁘게 수가 놓아집니다.

손거울
Look at me

재료: 반제품 손거울, 리넨(15×15cm 이상), 목공풀
사이즈: 7.7cm (내부 프레임 6.5cm)

연보라색
look at me: 새틴 S 955(2), DMC메탈릭 4280(1)
테두리: 체인 S 3824(2), DMC메탈릭 4280(2) / 비즈 고정: 러닝 S 3824(2)

하늘색
look at me: 새틴 S 445(2), DMC메탈릭 4280(1)
테두리: 체인 S 605(2), DMC메탈릭 4280(2) / 비즈 고정: 러닝 S 605(2)

TIP
반제품 손거울은 비슷한 디자인이어도 판매처마다 프레임 사이즈가 다른 경우가 있어요. 반드시 프레임 사이즈를 확인하고 작업하기를 권장합니다.

메시 파우치
Romantic mood

재료: 메시 파우치
사이즈: 20×26cm

Romantic: 새틴 S 603(2) / 아우트라인 S 209(1), DMC메탈릭 4280(1)
mood: (점선)체인 S + (실선)버튼홀 S 554(2), DMC메탈릭 4280(2) / 비즈 고정: 스트레이트 S 554(2)

TIP
새틴 스티치로 먼저 레터링 안쪽을 채운 후, 아우트라인 스티치로 테두리를 수놓아 작업합니다.

파우치
Initial

재료: 파우치
사이즈: 15×17cm

점선: 체인 S
실선: 버튼홀 S
원형: 비즈로 스팽글 고정하기
*수를 놓은 후 비어 있는 부분에 비즈와 스팽글을 고정해 포인트를 줍니다.

(TIP)
1. 원하는 알파벳을 조합해 도안을 그린 후 작업합니다.
2. 레터링을 활용해 여러 소품에 자유롭게 작업해보세요.

j k l m
n o p q

r s t u v

w x y z

면 티셔츠
Love&Hate

재료: 면 티셔츠

Love&Hate: 체인 S 666(1), DMC메탈릭 4280(1)
하트 테두리: 백 S 666(5) / 휘프트 백 S DMC메탈릭 4280(2), 코스모스파클 2번(1)

TIP
신축성이 좋은 면 티셔츠는 수를 놓기 어렵고 완성 후 주변 원단이 주름지기 쉽습니다. 너무 얇은 원단보다는 신축성이 적고 두께감이 있는 원단의 티셔츠를 권장합니다.

메시 마켓백
My stitch bag

3609(2), DMC메탈릭 4280(1)

340(2), DMC메탈릭 4280(1)

3708(2), DMC메탈릭 4280(1)

445(2), DMC메탈릭 4280(1)

3824(2), DMC메탈릭 4280(1)

964(2), DMC메탈릭 4280(1)

3840(2), DMC메탈릭 4280(1)

959(2), DMC메탈릭 4280(1)

재료: 메시 마켓백
사이즈: 32×44cm

점선: 체인 S
실선: 버튼홀 S
원형: 비즈로 스팽글 고정하기
*수를 놓은 후 비어 있는 부분에 비즈와 스팽글을 고정해 포인트를 줍니다.

TIP
메시 백 주변의 스팽글을 고정할 때는 열펜으로 적당한 위치를 표시 한 후 스팽글을 하나씩 고정하고 뒷면에 여러 번 매듭을 지어줍니다.

수틀
Wishing on a star

재료: 나무 수틀, 메시 원단,
양면테이프, 리본이나 끈
사이즈: 수틀 15cm

WISHING ON A STAR: 체인 S 823(1), DMC메탈릭 4270(1)
굵은 선은 비즈 고정: 러닝 S 823(2)

○ 비즈로 스팽글 고정(2)
□ 비즈 고정(2)
☆ 비즈로 별 모양 스팽글 고정(2)
▢ 관통형 비즈 고정(2)
* 고정하는 실 색상은 비즈 색상과 동일한 색

캔버스
It's mine!

아우트라인 S 310(1), DMC메탈릭 4270(1)

아우트라인 S 666(1), DMC메탈릭 4270(1)

새틴 S 666(3)

아우트라인 S BLANC(1), DMC메탈릭 4280(1)

체인 S 605(2), 코스모스파클 4번(1) /
비즈 고정: 백 S 605(2)

체인 S 210(2), 코스모스파클 4번(1) /
비즈 고정: 백 S 210(2)

체인 S 3840(2), 코스모스파클 1번(1) /
비즈 고정: 백 S 3840(2)

새틴 S 666(2), DMC메탈릭 4280(1)
아우트라인 S 666(1), DMC메탈릭 4280(1)

(점선)체인 S+(실선)버튼홀 S 666(2), DMC메탈릭 4280(1)
*수를 놓은 후 비어 있는 부분에 비즈와 스팽글을 고정해
 포인트를 줍니다.

재료: 캔버스(정사각),
리넨(25×25cm 이상),
딱풀, 타카
사이즈: 15×15cm

- • 프렌치 노트 S (2)
- ○ 비즈 고정 (2)
- — 레이지 데이지 S (2)
- ☐ 관통형 비즈 고정 (2)

에코백
Over the rainbow

재료: 에코백
사이즈: 34.5×39.5cm

첫째 줄: 체인 S 3708(2), DMC메탈릭 4280(1) / 비즈 고정: 백 S 3708(2)
둘째 줄: 버튼홀 S 3824(2), DMC메탈릭 4280(1)
셋째 줄: 작은 스팽글 연속 고정 445(1), DMC메탈릭 4280(1)
넷째 줄: 스팽글 겹쳐서 고정 26(1), DMC메탈릭 4280(1)
(점선은 스팽글 고정 위치)
over the rainbow: 아우트라인 S BLANC(1), DMC메탈릭 4280(1)

메시 파우치
Bonjour

재료: 메시 파우치
사이즈: 20×26cm

핑크: 체인 S 959(2), 코스모스파클 4번(1) / 비즈 고정: 백 S 959(2)
아이보리: 체인 S 3801(2), DMC메탈릭 4280(1) / 비즈 고정: 백 S 3801(1)

미니 캔버스백
Let's stitch

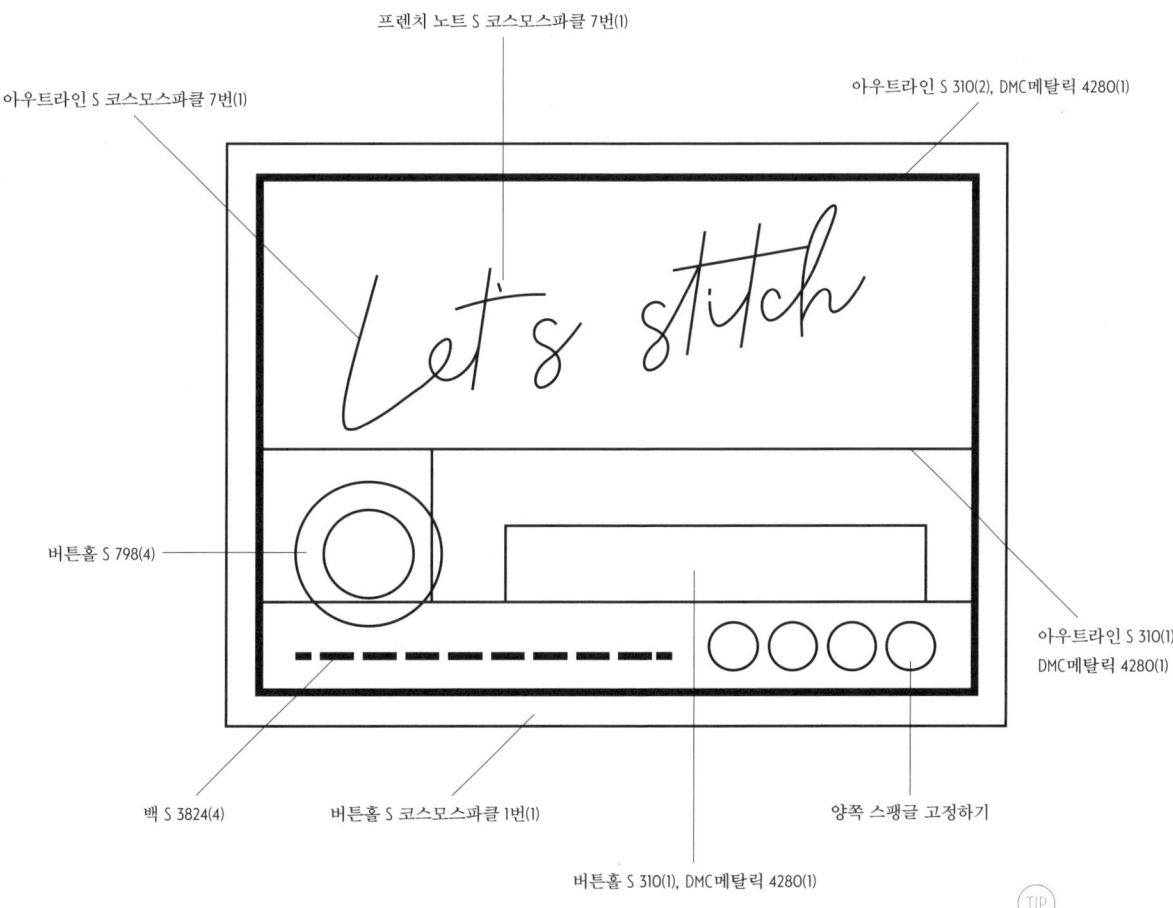

재료: 미니 캔버스백
사이즈: 28×23cm

TIP
1. 수를 놓은 후 원단의 끝부분에 올풀림 방지액을 발라줍니다.
2. 올풀림 방지액을 바른 패치를 가방에 백 스티치로 수놓아 고정해 완성합니다.

셔츠
Je t'aime

프렌치 노트 S 29(1), DMC메탈릭 4270(1)

핵 진주 3mm로 고정

Je t'aime

아우트라인 S 29(1), DMC메탈릭 4270(1)

재료: 셔츠

TIP

셔츠는 너무 얇고 하늘하늘한
소재보다는 신축성이
적고 빳빳한 원단으로
제작된 셔츠를 선택하기를
권장합니다.

그립톡
Alphabet Griptok

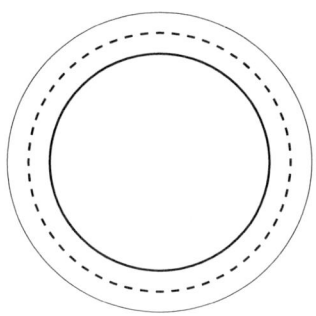

H: 체인 S 26(1), DMC메탈릭 4280(1)
점선: 체인 S 26(1), 코스모스파클 4번(1)
내부 테두리(비즈 고정): 버튼홀 S 26(2)

M: 체인 S 3708(1), DMC메탈릭 4280(1)
점선: 체인 S 445(1), 코스모스파클 2번(1)
내부 테두리(비즈 고정): 버튼홀 S 445(2)

R: 체인 S 445(1), DMC메탈릭 4280(1)
점선: 체인 S 3708(1), 코스모스파클 1번(1)
내부 테두리(비즈 고정): 버튼홀 S 3708(2)

33쪽 예제인 알파벳 H, M, R을 기준으로 합니다.

* 33쪽 그립톡 프레임 도안이 누락되어 별첨합니다.

그립톡
Alphabet Griptok

ABCDEFG
HIJKLMN
OPQRSTU
VWXYZ

재료: 그립톡 반제품 단차 바디(4×4cm),
원형 인쇄판(4×4cm), 목공풀, 리넨(13×13cm이상)
사이즈: 4×4cm

도안 알파벳 순서대로
체인 S 3341(1), DMC메탈릭 4280(1)
3708(1), DMC메탈릭 4280(1)
210(1), DMC메탈릭 4280(1)
445(1), DMC메탈릭 4280(1)

그립톡을 만들 때 원단을
최대한 짧게 잘라
홈질하세요. 당겨줄 때
오므려진 두께가 짧아져
붙이기 수월합니다.

메시 마켓백
Merci

재료: 메시 마켓백, 핵진주 3mm, 6mm
사이즈: 32×44cm

merci: 3mm 핵진주를 백 스티치로 고정하고 i의 윗부분은 6mm 진주로 고정한다.
메시 백 옆면: 2.5cm 간격으로 버튼홀 레이스 S 666(5)

(TIP)

1. 진주로 레터링을 수놓을 때에는 중간 매듭을 여러 번 지어 원단에 단단하게 고정해야 쉽게 떨어지지 않습니다. 진주에 바늘을 두 번 정도 통과시켜 튼튼하게 고정해주세요.
2. 옆면의 버튼홀 레이스 스티치는 메시 백 안쪽의 박음질 라인을 따라 2.5~3cm 간격으로 반복해서 수놓습니다.

손거울
Hug me

재료: 반제품 손거울, 리넨(15×15cm 이상), 목공풀
사이즈: 7cm(내부 프레임 5.7cm)

분홍색
hug: 새틴 S 892(2)
me: (점선)체인 S+(실선)버튼홀 S 3824(1), DMC메탈릭 4280(1) / 비즈 고정: 백 S 3824(2)

파란색
hug: 새틴 S 3824(2)
me: (점선)체인 S+(실선)버튼홀 S 3824(1), DMC메탈릭 4280(1) / 비즈 고정: 백 S 3824(2)

비즈와 스팽글로 만드는
반짝이는 레터링 자수 클래스

초판 1쇄 인쇄 2020년 6월 17일
초판 1쇄 발행 2020년 6월 24일

지은이 박명화
펴낸이 이준경
편집장 이찬희
총괄부장 강혜정
편집 김아영, 이가람
디자인팀장 정미정
디자인 정명희
마케팅 정재은
펴낸곳 (주)영진미디어

출판등록 2011년 1월 6일 제406-2011-000003호
주소 경기도 파주시 문발로 242 파주출판도시 (주)영진미디어
전화 031-955-4955
팩스 031-955-4959

홈페이지 www.yjbooks.com
이메일 book@yjmedia.net

ISBN 978-89-98656-98-0 13590
값 14,800원

이 도서의 국립중앙도서관 출판시도서목록(CIP)은
서지정보유통지원시스템 홈페이지(http://seoji.nl.go.kr)와
국가자료공동목록시스템(http://www.nl.go.kr/kolisnet)에서 이용하실 수
있습니다. (CIP제어번호: CIP2020024707)

이 책은 저작권법에 의해 보호를 받는 저작물이므로 무단 전재와
복제를 금합니다. 또한 이미지의 저작권은 작가에게 있음을
알려드립니다.
The copyright for every artwork contained in this publication belongs to artist.
All rights reserved.

잘못된 책은 구입한 곳에서 교환해드립니다.